MÉMOIRES SECRETS

SUR

LA RUSSIE.

TOME SECOND.

MÉMOIRES SECRETS

SUR

LA RUSSIE,

ET PARTICULIÈREMENT SUR LA FIN

DU RÈGNE DE CATHÉRINE II

ET LE COMMENCEMENT DE CELUI DE

PAUL I.

Formant un tableau des moeurs de St. Péters-bourg, à la fin du XVIIIe siècle.

Et contenant nombre d'anecdotes recueillies pendant un séjour de dix années,

sur les projets de Catherine à l'égard de son fils, les bizarreries de ce dernier, le mariage manqué de la grande-duchesse ALEXANDRA avec le roi de Suède, et le caractère des principaux personnages de cette cour, et nommément de SOUVOROW.
Suivies de remarques sur l'éducation des grands seigneurs, les moeurs des femmes, et la religion du peuple.

TOME SECOND.

PARIS, chez CHARLES POUGENS,
Imprimeur-libraire, quai Voltaire N°. 10.
An VIII. (1800.)

TABLE DES MATIÈRES

CONTENUES

DANS LE IIe VOLUME.

F I N.

QUELLES RÉVOLUTIONS ATTENDENT LA RUSSIE?

QUELLES RÉVOLUTIONS
ATTENDENT LA RUSSIE?

Attitude et force du despotisme. Deux oukas de Paul, favorables à une révolution. Avilissement du peuple: autres obstacles locaux. Le despotisme se roidit: la noblesse s'indigne. Elle seule peut changer le gouvernement: comment et pourquoi. Démembrement probable. Changement à espérer. Terreur prématurée. Les Russes ne seront pas toujours esclaves.

Si la révolution française doît faire le tour du monde, ainsi que plusieurs le prétendent, certes c'est en Russie qu'elle arrivera en dernier lieu; c'est aux frontières de ce vaste empire, que l'Hercule français posera

deux colonnes, où la liberté lira long-
tems: *Non plus ultra*; c'est là qu'un nouveau monde est encore caché pour elle [1].
Le despotisme, le pied posé sur le front
d'un esclave, et s'attachant au ciel d'une
main criminelle, l'insulte et la brave: peut-
être doit-il un jour s'avancer à sa rencontre jusqu'aux champs de la Germanie et
décider, dans un combat terrible, des des-
tinées du monde. Déjà il a envahi la
malheureuse Pologne, et paroît faire, au
nord et au levant, les mêmes progrès que
la liberté au couchant et au midi. Déjà le
continent ne semble plus partagé qu'entre
deux empires prépondérans, la France et
la Russie: leurs principes et leurs intérêts
sont diamétralement opposés; ils cherchent
à se heurter, et, dans leur choc, ils écrase-
ront les puissances secondaires qui les séparent encore. Ce sera le combat du jour
contre la nuit, la dernière lutte entre la
philosophie et la raison, entre la barbarie
et l'ignorance. Le mur célèbre, que les
Chinois ont élevé contre les incursions des

Tartares, ce chef-d'oeuvre de travail et de
lâcheté, est moins inaccessible et moins
épais que l'atmosphère ténébreux qui garde la Russie contre l'approche de la raison, et la sépare des autres peuples. Le
moscovitisme, tremblant à l'aspect du danger, est sans cesse occupé à renforcer ce
mur et à réparer les brèches qu'y fait la
raison. Ce monstre politique est comme
la salamandre, qui étouffe le feu qui l'en-
vironne sous l'écume immonde qu'elle jette de sa gueule impure, et convertit la flam-
me en fumée obscure.

Ce n'est pas qu'il n'y ait en Russie des
lumières et des vérités: mais ceux qui les
possèdent, plus prudents encore que Fon-
tenelle, bien loin d'oser ouvrir la main
pour les répandre, ne cherchent qu'à les
étouffer; car ceux qui sont instruits sont
les seuls intéressés à protéger l'ignorance
et à réduire en système raisonné l'esclavage et la tyrannie. Aussi long-temps qu'il
n'y aura pas une classe nombreuse d'hommes éclairés, qui souffriront de la servitude

dont le peuple souffre, il ne faut point s'attendre en Russie à une révolution spontanée.

Mais si quelque chose pouvoit dès aujourd'hui hâter ce moment suprême, c'est l'oukás que Paul dans *sa sagesse* vient de publier, et par lequel, en abolissant la noblesse que donnoient les rangs militaires et les charges civiles, il a créé un vrai *Tiers État* qui n'existoit pas encore en Russie; car quelques affranchis devenus marchands, ou quelques artisans étrangers, ne méritoient pas ce nom: il n'y avoit guères que des esclaves et des nobles. Tous ceux qui avoient un rang, soit civil ou militaire, c'est-à-dire, tous ceux qui avoient un peu d'argent et d'éducation, acquéroient la noblesse ou ses priviléges, et se hâtoient d'en affecter l'esprit et les préjugés: mais aussitôt que cette portion éclairée de la nation n'aura plus le droit de partager les honneurs et les avantages de la tyrannie, en profitant des abus du gouvernement et de l'avilissement des peuples,

elle se tournera vers la liberté. Graces
à la démence du despotisme, il a lui-même
créé ses ennemis et creusé son propre tombeau. L'espace immense, qu'il avoit mis
entre l'homme esclave ou paysan, et l'homme libre ou noble, est à la fin rempli.
Le Tiers État se dressera comme un géant;
d'une main puissante, il élevera l'esclave;
de l'autre, il frappera le noble: avant un
siècle, il les aura peut-être nivelés.

Une autre démarche de l'empereur,
aussi *moscovitique* dans ses principes, et
aussi heureuse dans les effets contraires
qu'elle produira, c'est qu'il a proscrit par
une autre ordonnance les imprimeries de
son empire; il n'en laisse subsister que
trois, pour imprimer ses *oukas* et les livres
d'église, ou ceux qui pourront subir la triple censure d'un suppôt du gouvernement,
d'un suppôt de l'école, et d'un suppôt de la
sainte église orthodoxe grecque [3]. En voulant par-là étouffer les lumières et les lettres,
il leur a rendu le plus grand service qu'il
soit en état de leur rendre. Du moment

où la philosophie et la liberté ont une presse libre, le plus grand bien qu'on puisse leur faire est de briser les autres. Tous les livres qui ont opéré la révolution, dont notre siècle est témoin, se trouvent en Russie, et en grand nombre: ce qui pourra s'y en glisser encore de l'étranger, fût-ce de Vienne même, sera meilleur que tout ce que l'on pourroit y imprimer avec approbation*; ainsi, je le répète, Paul a rendu un très-grand service aux lettres et à la liberté. Qu'on lui pardonne l'intention en faveur de l'effet.

La Russie est encore bien loin pourtant de jouir de ce bienfait dans sa plénitude, et c'est vainement encore que l'imbécille prévoyance du despotisme appelle le danger, en cherchant à l'éloigner. Le peuple russe, abruti par des siècles d'esclavage, est semblable à ces animaux dégénérés, pour qui la domesticité est devenue une seconde nature. Il ne pourra retourner à la liberté que graduellement et par des chemins longs et difficiles; il ne la connoît pas même

encore; être libre, signifie pour lui, pouvoir
quitter la glèbe où il est enchaîné, et
mener une vie fainéante et vagabonde. Il
déteste le travail, parce qu'il n'a jamais
travaillé pour lui; il n'a pas même encore l'idée de la propriété: ses champs,
ses biens, sa femme, ses enfans, lui-
même, appartiennent à un maître qui peut
en disposer, et qui en dispose à son gré. Il
ne s'intéresse à rien, parce qu'il n'a rien :
son attachement pour son village n'est que
celui du boeuf à la crèche où il est habitué. Il est sans patrie, sans lois, sans
religion. Le christianisme, comme il est
enseigné et pratiqué par le peuple russe,
ne mérite pas plus le nom de religion, que
les termes dont un bouvier se sert pour
conduire ses boeufs ne méritent celui de
langage, comme je le prouverai ci-après.
Le désespoir de quelques-uns de ces
malheureux paysans pourra bien de tems
en tems produire, comme auparavant, des
rébellions partielles contre leurs seigneurs :
mais une révolution générale en Russie ,

c'est une chimère. La Russie est trop vaste, trop dépeuplée, pour pouvoir se lever en masse, et cette masse trop étendue et trop mince seroit bientôt déchirée. De misérables bicoques de quelques milliers d'habitans sont ordinairement à une distance de cinquante lieues de France, sans autre liaison entre elles que des hameaux dispersés dans le bois à six ou sept lieues l'un de l'autre, et dont presque chacun a son petit tyran particulier. Comment un peuple aussi disséminé pourroit-il jamais former un ensemble? un régiment de Fanagorie, sous les ordres d'un Souworow, suffiroit pour massacrer la population d'un gouvernement.

Outre les obstacles naturels, que le *moscovitisme* opposera encore long-tems à toutes innovations dans l'esprit de la révolution française, il est renforcé tous les jours par les auxiliaires qui lui arrivent en Russie de l'étranger. C'est aujourd'hui le refuge commun de l'ignorance, de la barbarie, de la superstition et des préjugés, poursuivis en Europe. Nulle part les hommes, qui en sont imbus, ne sont si bien accueillis qu'en Russie: ils y retrouvent l'enfance de leur patrie, le siècle d'or de la féodalité. Lorsqu'ils arrivent, ils sont tout émerveillés de se sentir eux-mêmes déjà trop éclairés, trop avancés pour cette heureuse terre: ils craignent encore d'y paroître dangereux, et se renfoncent avec délices dans la crasse barbarie où ils sont nés, Tel un paresseux se replonge, en fermant les yeux, dans le sommeil dont un rayon de soleil l'avoit tiré malgré lui. L'homme qui apporte en ces climats quelques lumières et quelques sentimens, les sent peu à peu s'obscurcir et s'éteindre dans son cœur; et, si le despote vient à lui donner quelques centaines d'ames, pour prix de la sienne, il trouve très-juste, très-heureux qu'il y ait des esclaves, et qu'il le soit lui-même. Autocrates de Moscovie! pourquoi n'usez-vous pas plus souvent encore de ce moyen infaillible, et qui a même quelque chose de généreux?

Avez-vous dans votre empire un étranger,
dont les talens vous soient utiles et les lumières et la probité dangereuses, donnez-lui
une centaine de paysans : eût-il l'ame d'un
Français, il prendra celle d'un Russe. Mais,
prenez-y garde ; ces auxiliaires vous tra-
hiront enfin : si ce n'est pas par les germes
lucides qu'ils apportent, ce sera par leur
corruption même. Tel le tronc du hê-
tre dépouillé de verdure, et privé de vie,
luit encore en pourrissant.

Cependant il y a parmi la noblesse,
et même à la cour de Russie, des ames
généreuses et fières, qui, sans être éprises
d'un système d'égalité et de liberté parfai-
tes, sont indignées pourtant de l'abnégation honteuse que l'on exige d'elles; car
le despotisme ne convient qu'à des barbares,
et les gentilshommes russes ne le sont plus.
Loin de s'adoucir et de prendre des formes
moins révoltantes, à mesure que les mœurs
s'humanisent, il se roidit au contraire de
plus en plus, et rend son joug plus ridicule et plus odieux : il s'efforce de retourner

vers la barbarie, en raison de ce que les peuples s'avancent vers la civilisation. Dans les autres pays de l'Europe, il descend lui - même quelques degrés de son trône, pour ne pas heurter de trop haut la raison et l'opinion qu'il est enfin obligé de respecter [6] : mais, en Russie, il monte encore et écrase même le sens commun. Il est vrai que, jusqu'à ce siècle, la marche de l'esprit humain en Russie a été si peu parallèle à celle qu'il a tenue en Europe, que la date de l'entier asservissement des Russes est l'époque où il s'établissoit partout ailleurs des communes, et où l'on rendoit les serfs à la liberté. Il est assez remarquable que le tzar, qui chassa les Tartares de la Russie, fut le même qui soumit ses Russes à la servitude féodale inconnue jusques là en ces climats : tant il est vrai que les tyrans ne travaillent jamais que pour eux-mêmes [7].

Cette conduite revêche du despotisme, qui est le comble de l'orgueil et de la démence, lui sera fatale à la fin ; la génération

présente demande des ménagemens. En se
présentant sous la forme d'une femme pleine de graces et couverte de gloire, l'autocratie recevoit aisément des hommages
qui n'avoient rien d'humiliant: ceux du
guerrier avoient au contraire quelque chose
de chevaleresque; ceux du courtisan, quelque chose de galant qui sembloit les ennoblir. Mais lorsqu'elle voudra, sous les
formes dures et bizarres d'un Kalmouck,
exiger des adorations personnelles, elle sou-
levera tout être pensant. Un jeune homme rempli de sentimens généreux peut-il,
sans se sentir profondément avili, ployer
à tous momens les genoux et baiser la main
d'un homme, qui n'est ni son père ni son
bienfaiteur, qui ne lui inspire ni amour,
ni vénération, ni reconnoissance, et qu'il
méprise peut-être au fond de son cœur?
Et lorsqu'on cherchera avec une impudeur
vraiment incroyable, et par des détails et une
affectation ridicules, à rendre ces hommages plus révoltans, ne deviendront-ils pas
insupportables [8]?

La raison ne peut s'anéantir dans l'ame, qu'elle est venue une fois habiter; elle est semblable au lion du désert, qui se retire lentement, à l'aspect d'une troupe lâche et nombreuse: mais, si elle a l'audace de le harceler jusques dans son fort, il s'élance à travers les armes; il triomphe ou périt. Que l'autocrate tremble donc de pousser la raison, l'honneur et le bon sens à bout! les hommages qu'il exige pourront hâter, plus qu'il ne pense, quelque catastrophe à la cour de Russie?. Ce ne sera pas encore une révolution française; mais ce sera peut-être la seule pour laquelle la Russie soit mûre, celle d'une aristocratie plus éclairée.

Il faut en convenir, l'ami de la liberté et de la Russie ne peut souhaiter encore un autre changement; c'est le seul dont ce vaste empire soit susceptible encore. Le peuple, dans l'état déplorable où nous l'avons vu, est indigne de la liberté: il faut l'y préparer, la lui faire désirer, avant de la lui offrir; il en abuseroit, ou, chose plus horrible, il n'en voudroit pas. — Une vérité révoltante et honteuse à l'humanité, c'est que le gouvernement russe est moins encore porté à la tyrannie que le peuple n'y est enclin à l'esclavage ! tant il est avili, tant il est dénaturé par ses tyrans ! Ce n'est donc point encore à lui qu'on peut s'adresser [10].

Quoique la noblesse ait la même habitude à courber son front devant le despote, pour humilier encore davantage celui de ses esclaves, cependant elle est éclairée et s'éclaire tous les jours. Elle a été corrompue plutôt que civilisée ; mais elle conserve pourtant des vertus, que mille ans d'esclavage ou de tyrannie n'ont pu anéantir : c'est elle qui, digne désormais d'un gouvernement moins barbare, voudra avoir des lois écrites ailleurs que dans le cerveau timbré de ses autocrates. Elle commence à sentir le poids de ses chaînes avilissantes : elle les brisera un jour, pour alléger ensuite celles de ses serfs ; elle fera ce que la noblesse de Pologne a voulu faire, et et effacer ainsi la tache qu'elle imprima si long-tems sur le front de l'humanité, en reniant les crimes dont ses autocrates l'ont rendue complice [11]. Ces tems ne sont peut-être pas si éloignés. Plusieurs jeunes têtes se nourrissent des exemples de l'antiquité, et méditent en secret le sublime Jean-Jacques: plusieurs, après s'être oubliés un instant dans l'histoire des nations, reportent avec horreur les regards sur la leur et sur eux-mêmes. Comment en effet, à la fin du dix-huitième siecle, dans un pays qui n'est pas environné d'une triple enceinte d'airain, dans un pays où plusieurs savent lire et où quelques-uns pensent, peut-il exister encore un pareil gouvernement [12]? Des Russes peuvent-ils désormais être traités comme des Marocains? Dans notre siècle, et en Europe, ce n'est plus qu'à force de justice, de gloire, de vertus ou de bienfaits, qu'on peut se faire pardonner le malheur et l'opprobre d'être despote. Ce n'est qu'en étourdissant la raison, à force de grandes actions, qu'on peut la forcer à se taire : tel l'aigle de Jupiter étouffoit sous ses ailes les cris du malheureux escarbot. Le despotisme est une idole, dont les pieds sont de boue, et les bras de fer; il a le corps gigantesque, mais creux: sa tête se cache dans un nuage épais que les esclaves prennent pour le ciel; il n'y a plus que les sots qui l'adorent, et les lâches qui en fassent semblant.

Quand je montre en Russie la noblesse comme le seul corps sur lequel la liberté puisse poser le premier pas en entrant dans cet empire, je n'entends pas désigner la troupe méprisable qui suit la cour, comme une troupe de sales corbeaux suit les camps pour dévorer les cadavres. Ceux-là sont vils partout, et les valets parvenus plus vils encore que les courtisans - nés. Ce n'est ni le trône, ni l'autel, ni la personne sacrée du despote, qui les attachent; c'est la plus sordide lâcheté : l'homme qui a le crédit et la puissance est toujours le dieu qu'ils adorent. On

les a vu ramper de favoris en favoris,
comme une chenille rampe de feuille en
feuille, ne laissant que ses excrémens sur la
dernière qu'elle a rongée. Il n'est peut-
être pas un de ces infâmes qui lèchent
aujourd'hui dévotement la main de Paul,
qui, quelques mois auparavant, ne la lui
eût coupée à l'ordre d'un Potemkin. On
ne peut attendre de pareils lâches que
des intrigues ou des révolutions de cour
déjà trop fréquentes en Russie: elles ne
servent qu'à prolonger la barbarie ou la
misère. Mais quelques familles puissantes
où l'instruction s'est établie, comme une
étrangère sous un toit hospitalier [13]; quelques jeunes gens pleins de courage et de
talens, désireux de se faire un nom, pro-
fiteront peut-être de quelques heureuses
circonstances, comme celle qui vient d'é-
chapper, pour modifier au moins, en attendant mieux, les formes atroces du gouvernement; pour placer un bon prince
sur le trône, et donner à un sénat ou
à un conseil quelconque plus d'influence

que l'autocrate n'en laisse à ses valets ;
pour prescrire au moins quelques bornes
à des abus qui n'en ont point. Ce que
les Dolgorouki ont pu exécuter, il y a
un demi-siècle, d'autres pourront le mieux
soutenir aujourd'hui [14]. Mais, il faut le
dire, ce projet ne peut être conçu que
par l'ambition la plus noble et la plus dé-
gagée de petits intérêts ; il ne peut être
exécuté que par un grand courage, un grand
crédit, et plus encore de persévérance.
Ce qui peut accélérer la fermentation dans
quelques bonnes têtes, c'est que depuis
long-tems le mérite est un titre d'exclusion
à la cour de Russie. Pour parvenir aux
honneurs et aux emplois, il faut avoir une
bassesse au-dessus de toute expression, une
imbécille abnégation dont tout le monde
n'est pas doué. Il y a une grande différence
entre posséder les talens nécessaires pour
remplir dignement une grande place, et avoir
les petits manéges nécessaires pour y parvenir ou se la conserver. De là vient
que les mécontens et les disgraciés sont
ordinairement l'élite de la noblesse et des

habitans de Moscou: s'ils se réunissent et s'arrêtent une fois à un plan, c'en est fait du règne des bêtes. De toutes les dominations, celle de la sottise et de l'ignorance sur la raison et les lumières est la plus absurde et la plus honteuse à supporter. Malheureusement pour les despotes, mais heureusement pour l'humanité, depuis qu'il y a des autocrates, aucun n'a pu comprendre encore que l'homme le moins empressé à obtenir leurs graces par des bassesses, est toujours celui qui les mérite le mieux par les talens ou les vertus. En Russie, tout chemin à la gloire est fermé au jeune ambitieux qui se sent des moyens. La trouveroit-il à vaincre des sauvages et à conquérir des *Steppes* [15] sous les ordres d'un favori, d'un barbare ou d'un sot? la verroit-il dans l'antichambre du despote, à attendre qu'il sorte pour lui baiser la main à genoux, et marcher devant ou après lui jusqu'à sa chapelle, tous les jours de fêtes [16]? la mettroit-il à suivre dans une chancellerie, ou près d'une cour étrangère, quelque routine détestable , ou quelque trame dont il n'ose blâmer l'impolitique ou l'absurdité [17] ? Non, il n'est pour lui de route à la gloire que dans un nouvel ordre de choses , et tout le sollicite. Les courtisans sont la lie de la nation ; les favoris, la lie des courtisans : les despotes prennent tant de soin à éloigner d'eux le vrai mérite, que leur parti n'est plus que celui de la canaille.

Mais une catasrophe plus malheureuse et plus prochaine qui paroît menacer les tzars, c'est un démembrement de leur vaste empire. Depuis un siècle, la Russie, sous le sceptre de fer du despotisme, semblable à la pâte sous le rouleau du boulanger, s'est amincie en raison de ce qu'elle s'est étendue. Toute la masse du centre a été poussée vers les bords pour y former un ourlet qui en impose sur sa véritable force : ces bords appesantis se détacheront de ce centre qui ne peut plus les supporter. Qu'on jette les yeux sur la carte, on sera effrayé de l'immense étendue

de cet empire romanesque, des bords
de la Vistule au bout le plus loinain de
l'Asie, et même jusqu'en Amérique; des
rives du Phase jusqu'à la Lapponie! c'est
presque le quart des continens habités!
Cette surface compte au plus trente millions
d'habitans, et de vingt nations différentes
de moeurs, de religion et de langage!
Et c'est la tête de Paul qui gouverne
autocratiquement tout cela, du milieu de
Pétersbourg, du milieu de la cour de son
palais, ou il a planté un piquet, du milieu
d'un bataillon quarré, où cinq ou six officiers
le saluent de l'esponton! L'empire de Russie me paroît semblable à ces araignées,
nommées faucheurs; elles ont un petit
corps sur de longues jambes qui s'en
détachent au moindre *raccroc* qu'elles
rencontrent dans leur marche gigantesque.
Il faudra moins qu'un Potemkin pour
occasionner ce démembrement; mais la
Russie n'y aura pas gagné grand'chose.[18]

Une espérance qui doit lui sourire,
c'est de voir bientôt sur le trône un

empereur assez sage, assez grand pour lui
donner des lois auxquelles il se soumettra
lui-même; un prince assez magnanime pour
se trouver humilié de régner sans gloire sur un peuple sans droits, et qui sache
établir du haut de son trône une rampe
douce pour arriver sans chûte à la liberté :
voilà ce qu'un véritable ami des Russes
et de l'humanité doit souhaiter; voilà ce
qui peut seul aujourd'hui immortaliser un
empereur! Pierre I lui - même gémissoit
déjà de n'être que le despote d'une nation
esclave. Dans une entrevue qu'il eut à
Marienwerder avec le roi de Prusse, il
félicita tout haut ce prince de son bonheur d'avoir une nation qu'il gouvernoit
avec des lois, tandis qu'il ne pouvoit gou-
verner la sienne qu'avec le knout; et il
promettoit de lui donner un régime plus
doux, aussitôt qu'elle seroit assez policée
pour en être susceptible [19]. Ce tems est
arrivé pour les Russes: ils sont bien dignes
désormais que leur souverain les laisse
monter au niveau des peuples les moins

asservis de l'Europe. La raison et l'humanité auront déjà beaucoup gagné, quand ils auront un gouvernement modéré : fût-il encore absolu, comme celui de Prusse, ou aristocratique, ainsi que celui d'Angleterre, sous ce nouveau régime les Russes pourront encore figurer long - tems dans l'histoire, en se préparant à cette grande révolution de l'esprit humain dont on les croit déjà susceptibles. Elle ne peut être que le dernier terme de la civilisation, et le retour aux idées simples et primitives, après avoir parcouru le cercle immense des erreurs et des folies humaines. La liberté et l'égalité ne feront le bonheur des hommes, que lorsque des idées saines seront devenues les préjugés du peuple : la Russie est encore à des siècles de ces préjugés - là.

Rassurez - vous donc, Russes *Staroï-Wertsi*, Russes de la vieille roche, qui à chaque coup que l'Hercule français a porté sur les abus et sur les tyrans, avez frémi pour vous - mêmes ; vous tous qui

tremblez encore de ses succès , et tres-
saillez de crainte à une vérité, comme un
criminel à la lueur de l'éclair, rassurez-
vous : le tems n'est pas encore venu. Avant
d'arriver à cette régénération redoutée, vous
devez encore passer par tous les degrés de
la civilisation : avant d'avoir un peuple
instruit, il faut avoir eu un peuple policé ;
le vôtre est encore dans l'enfance : avant
d'en venir à un gouvernement raisonné,
il faut avoir eu des rois ; vous n'avez encore que des autocrates : avant de craindre les démocrates, les démagogues et les
jacobins [20], il faut avoir eu des royalistes,
des aristocrates, des monarchiens ; vous
n'avez encore que des esclaves. Renforcez
leurs chaînes, versez leur sang, buvez leur
sueur en toute sécurité ; arrachez encore
l'enfant des mamelles de sa mère pour la
forcer à allaiter des chiens qui ont perdu
la leur [21] : le jour de la rémunération ne
luira point encore sur la Russie.

Craindriez-vous une constitution ? vous
n'avez pas encore de lois. Redouteriez-

vous une assemblée nationale? Eh! vous
n'avez pas encore un parlement, pas même
un divan; car votre sénat est loin de mé-
riter ce nom. Un muphti, l'alcoran à la
main, a quelquefois réprimé les tyrans de
Byzance; — mais qui peut réprimer les
vôtres? Vos lois, votre religion, sont-elles
ailleurs que dans sa tête? vos ames ne sont-
elles pas les siennes? son bâton n'est-il
pas votre sceptre; votre bassesse, sa grandeur; et votre nullité, le zéro qui marque
ce qu'il vaut? Rassurez-vous: l'heure de
la liberté n'a point encore sonné.

Avant ce moment terrible pour vous,
le soleil verra encore long-tems les mêmes
crimes. Vous aurez encore des *Jakmak*,
des *Razin*, des *Pougatschew*, avant d'avoir
des la Fayette et des Dumouriez: vous
changerez encore de tyrans, avant de changer de gouvernement; vous éprouverez encore toutes les horreurs des révolutions
de cour, avant de voir celles du peuple.
Dans vos familles impériales, on verra
peut-être encore les pères assommer leurs

fils à coups de bâton à la face du ciel, les égorger dans un cachot; les tantes, détrôner et charger de fers leurs neveux au berceau; les épouses, étrangler leurs maris et massacrer vos empereurs: — oui, vous verrez peut-être encore une fois ces scènes horribles, avant que la nation lasse de tant de crimes et de tant de honte appelle enfin elle-même son dernier tyran à son tribunal.

Mais enfin cette époque mémorable doit arriver en Russie comme ailleurs: la marche de la liberté est comme celle du tems, lente, mais sûre; et le Nord la reverra un jour. On a beaucoup écrit de l'influence que le climat doit avoir sur les hommes; et un philosophe politique [22] prétend qu'il en a beaucoup sur leurs lois et leurs gouvernemens; je le crois, pour certaines applications secondaires: mais partout les principes sont les mêmes. Le climat ne peut agir sur la morale d'un peuple qu'au défaut des lois et des religions qui en sont les premiers modificateurs, et qui se transplantent partout. Je sais bien qu'une campagne déserte et inculte en Russie produira spontanément quelques plantes différentes de celles d'une campagne laissée en friche en France : mais, si l'on cultive l'une comme l'autre, et qu'on y sème du même grain, on y recueillera le même fruit. L'influence sensible des climats ne peut donc avoir lieu que sous les zones où la race humaine est physiquement dégénérée ; et d'ailleurs la Russie n'embrasse-t-elle pas aujourd'hui tous les climats de l'Europe? Quoi! le Russe, ce descendant des libres et vaillans *Slaves*, seroit condamné à un éternel esclavage, tandis que le Suédois, plus septentrional que lui, se vante de sa liberté! Moscou, qui est sous le même degré que Londres, seroit toujours une ville barbare, où les arts et les lois demeureroient étrangers! Eh! sous quel climat donc florissoit, dès le huitième siècle, la grande Nowgorod, cette ville puissante, commerçante et libre, dans un tems où les peuples qui se glorifient le plus maintenant

de leur liberté croupissoient encore dans
l'ignorance, sous la massue de la féodalité [23] ? Les Slaves [24], qui fondèrent cette
république, semblent, comme les Francs,
porter leurs destins et leur caractères em-
preints dans leurs noms immortels. Mille
ans d'esclavage et de tyrannie n'ont pu effacer cette noble empreinte. Tous les Russes n'ont point encore oublié que leurs
pères ont été plus heureux.

NOTES
DU SIXIEME CAHIER.

1.

Le génie de la révolution, comme un autre Archimède, n'auroit besoin que d'un point de contact et d'appui pour soulever ce monde-là : la Grèce pourra le lui offrir un jour ; mais son levier ne posera que sur les ruines d'un empire.

2.

Il dit quelque part : Si j'avois la main pleine de vérités, je me garderois bien de l'ouvrir.

3.

Il a depuis bien perfectionné la proscription des livres : il a même défendu l'importation des *catalogues*

étrangers, et enjoint aux libraires de mettre sur les
ouvrages qui avoient pu supporter la triple censure :
avec permission impériale, au lieu des mots *liberté
impériale* qu'on employoit auparavant.

4.

Veut-on un échantillon des scrupules de la censure russe, même avant que Paul l'ait triplée ? Sous
le règne de Catherine, c'étoit un suppôt de police,
nommé *Le gendre*, qui la faisoit pour ce qui s'impri-
moit à Pétersbourg en langues étrangères. Il effaça
d'une pièce de poésie, où il étoit question de l'amour,
ces mots : *ce dieu malin*, en notant qu'il étoit indécent de donner cette épithète à un dieu. Il permit
pourtant que l'auteur y substituât le mot *badin*. Une
autre fois, il raya d'une ode à la louange de Catherine, une strophe où se trouvoient ces vers :

Partout la foudre gronde et le glaive s'aiguise ;
Un roi tombe du trône, et son sceptre se brise.

Cela faisoit allusion aux préparatifs de guerre en
1790, et aux commencemens de la révolution. C'é-
toit alors un blasphème politique d'oser entrevoir que
Louis XVI tomberoit du trône. O mes amis ! ne
riez-vous pas ?

5.

5.

Rien n'est si fatal à l'humanité que ces hommes qui ont des lumières sans avoir de principes, ou qui renient ceux que leur conscience leur rappelle. Ils ressemblent à ces fruits vermoulus, dont le dehors séduit et dont le dedans fait horreur. Ces hommes sont surtout dangereux, lorsqu'ils ont assez d'esprit pour envelopper sous des sophismes spécieux des erreurs révoltantes. Voyez la note sur Nicolaï.

6.

La conduite du jeune roi de Prusse et celle de *Paul* offrent un contraste bien frappant : l'un s'efforce de se guinder dans les cieux ; et l'autre, de descendre au niveau de son peuple et de ne paroître que le premier serviteur de l'état. Je lis dans la même relation une proclamation russe qui condamne une douzaine de malheureux Polonais à perdre le nez et les oreilles, et à être envoyés en Sibérie, pour avoir *manqué au respect et à la fidélité* jurée à sa majesté moscovite (il n'est pas dit en quoi), et une lettre du roi de Prusse à une petite ville qui s'étoit insurgée. Paul agit en Kalmouc barbare, et Frédéric-Guillaume parle en père à ses enfans : l'un est un Nabuchodonozor qui s'érige en dieu, et n'est qu'un bœuf ; l'autre, un bon roi, qui s'honore d'être homme.

7.

C'est le tzar Iwan Wasilewitsch I. L'histoire russe le nomme pourtant le libérateur ; et le prince Sch.... a fait un assez bon poëme épique à son honneur.

8.

J'ai vu Paul à sa *Wachtparade*, pendant qu'un officier étoit à genoux devant lui attendant sa main pour la baiser, tirer lentement son mouchoir de sa poche, se moucher, s'essuyer le front, se retourner pour voir ses soldats, replier et rempocher lentement son mouchoir, puis enfin tendre sa main auguste à l'officier toujours à genoux, après l'y avoir ainsi avec affectation laissé cinq minutes. Cet officier étoit un Suisse ! Qu'il y a loin de là au jeune roi de Prusse, qui vient de se mettre en colère près d'Elbing, parce qu'un paysan se jetoit à ses pieds pour lui présenter une requête ! *Aucun homme*, dit le roi, *ne doit se mettre à genoux devant un homme*. Qu'on voie aussi plus haut la punition d'un prince Galitzin, pour n'avoir pas baisé assez tendrement la belle patte de Paul.

9.

Les émigrés français ont démontré que la révolution n'est arrivée en France, que parce que la reine
avoit négligé l'étiquette, et que le roi avoit été trop
populaire!

10.

Quand je parle ici du peuple russe, je n'y com-
prends ni des hordes tartares, ni des peuplades de
Cosaques, où quelques souvenirs d'une espèce de liberté se conservent encore; mais d'une liberté de
barbares qui ne s'en servent que pour faire des esclaves: c'est une espèce de liberté anglaise.

11.

Que le terme de noblesse n'effarouche ici personne. Celle de Russie ne forme point, comme celle
de France ou d'Allemagne, ce corps féodal et chevaleresque, qui se croit à la lettre issu d'un autre sang
que le reste des hommes, et qui en demeuroit séparé
par son moral et ses préjugés autant que par ses priviléges. Le mot noble, en français et en allemand,
marque cette différence, puisqu'il désigne une qualité
innée de l'ame: en russe, *Dworannoï*, qui désigne

un noble, ne signifie que *propriétaire de biens ruraux*,
parce que l'homme libre seul pouvoit en posséder.

12.

Tant qu'on n'aura pas découvert quelque horde,
dont le chef fasse égorger et rôtir un de ses sujets
pour son dîner, on ne connoîtra point de gouvernement plus barbare que l'autocratie. Quand cessera-
t-on de compter au rang des nations policées celle qui
l'endure? quand cessera-t-on de lire dans les géogra-
phies allemandes : „ Il y a en Europe tant de gouvernemens absolus, le Dannemark, la Russie, etc. ",
comme si la Russie avoit un gouvernement pareil à
celui du Dannemark? C'est une autocratie, vous dit-
on; cela ne ressemble à rien de ce que vous connoissez. — Et c'est un pareil autocrate qui déclare dans
ses oukas, que ses sujets ne peuvent avoir de liaisons
avec la France, parce qu'elle n'a point un gouvernement raisonnable et régulier !!

13.

Plusieurs de ces familles ont jusqu'à 20 mille esclaves, des villes et des canons, des richesses immenses, et surtout des parens généraux et chefs de régimens. C'est plus qu'il ne faudroit : une bataille déci-
deroit la chose pour eux, et non contre eux.

14.

Les familles Dolgorouki, Galitzin, Soltykow, etc. ont souvent bien mérité de la Russie. Ce furent elles principalement qui secouèrent l'indigne tyrannie d'un Mentschikow et d'un Biron; ce furent elles qui, à la mort de Pierre II, voulurent établir un gouvernement moins arbitraire. L'occasion renaît plus heureuse que jamais: Paul envoie son armée combattre à 700 lieues. Quel moment pour les bons Russes!

15.

Steppes est le nom que l'on donne aux plaines désertes dont la Russie est environnée. C'est tout ce que peut faire de mieux un général russe.

16.

C'est l'unique affaire des chambellans et gentils-hommes de la chambre.

17.

C'est tout ce que fait un sous-ministre, ou un ambassadeur.

18.

Par la tournure que prennent les affaires, il n'est pas trop hasardé de prévoir que la première échancrure que l'on fera à cet immense pâté sera du côté où il semble vouloir s'étendre encore, je veux dire, du côté des Turcs; soit que les Grecs régénérés et affranchis repoussent enfin les barbares Musulmans et Russes, soit que les Français puissent s'ouvrir un chemin par l'Hellespont. L'Hercule français, semblable à Archimède, n'a besoin que d'un point pour toucher et renverser ce colosse.

19.

L'humanité n'accordera jamais le titre de grand homme au barbare qui tua son fils, décapita sa maîtresse, et fouetta son épouse; mais il étoit un grand prince. Il inspire à la fois de l'horreur et de l'admiration, comme une nature sublime et sauvage. Le trait que je cite est rapporté par le *baron de Pöllnitz*, témoin auriculaire de sa conversation avec le roi. Un autre trait, qui ne fait pas moins d'honneur à ce grand caractère, et qui prouve combien il étoit au-dessus des petites vanités impériales de sa prétendue famille, c'est qu'étant environné par l'armée turque, et désespérant d'échapper, il écrivit au sénat, comme un autre Alexandre: *Choisissez pour mon successeur celui qui vous en paroîtra le plus digne.* Le sénat d'alors étoit bien différent de celui d'aujourd'hui : il y avoit un Dolgorouki, qui, semblable à Sully, avoit le courage de déchirer quelquefois les ordonnances tyranniques du tzar.

20.

Je ne sais ce qu'on entend maintenant en France et en Allemagne par cette épithète devenue si redoutable et si odieuse : mais il sera curieux d'instruire mes lecteurs de ce qu'elle désigne en Russie, où elle est aussi fatale à celui qui la reçoit que le nom de juif l'étoit ci-devant à un malheureux Espagnol. L'inquisition politique a même aujourd'hui des formes plus expéditives que la religieuse : pour les supplices, je ne sais laquelle a les plus cruelles. On sait que ceux qui étoient accusés de judaïsme étoient brûlés en Espagne : mais en Russie, on ne sait ce que deviennent ceux qu'on soupçonne de jacobinisme; ainsi l'on ne peut suivre la comparaison. En attendant, voici, pour l'édification des étrangers, les marques infaillibles auxquelles le gouvernement russe reconnoît un jacobin.

Un homme qui sait lire et écrire, de quelque nation qu'il soit, est violemment suspecté. S'il est Français, il n'y a aucun doute, jacobin.

Quiconque lit les gazettes, dangereux : quiconque en parle, jacobin.

Celui qui paroîtroit douter que le boucher Souvorow, avec 5o mille Cosaques, puisse faire la conquête de la France en une campagne, jacobin.

Celui qui oseroit dire que les Français sont bons soldats, que Bonaparte est grand général, et que les Autrichiens ont été quelquefois battus, jacobin.

Celui qui auroit pensé que la Pologne n'appartenoit pas à la Russie, et qu'il étoit permis aux Polonais de se défendre contre les Russes, jacobin.

Tout gentilhomme russe qui oseroit dire, qu'on pourroit demeurer encore quelque tems sujet fidèle en cessant d'être vil esclave, jacobin.

Tout capitaine aux gardes, et tout officier russe, qui oseroit murmurer de ce que son caporal devient tout-à-coup son commandant, jacobin.

L'homme qui s'imagine qu'il faut traiter les Russes comme des hommes, ne les plus vendre, ne les plus troquer comme un vil bétail, jacobin.

Un jeune seigneur à qui son maître à danser n'auroit pas appris à faire une révérence assez profonde, et celui qui, en baisant la main de l'autocrate, ne le feroit pas aussi tendrement que si c'étoit celle de sa maîtresse, jacobin.

Celui dont le cocher ne connoissant pas *sa majesté tzarienne* (qui pourtant est bien reconnoissable) n'arrêteroit pas sa voiture, pour en descendre et se prosterner dans la neige ou la boue, jacobin.

Du tems de Catherine, celui qui portoit un habit vert foncé et de grosses bottes étoit très-suspect aux favoris. Aujourd'hui quiconque porte un habit vert clair et des bottines est odieux à Paul.

Quiconque se fait suivre par un chien, porte un chapeau rond et un gilet au lieu d'une veste, est arrêté et traité en jacobin.

Cette énumération, qu'on pourroit augmenter, ne paroîtroit peut-être qu'une exagération : mais il est trop vrai que chacune de ces inculpations pourroit être fatale à celui à qui on la feroit, et que la perte de plusieurs personnes n'a pas eu de causes plus raisonnables et moins ridicules.

21.

Cette atrocité a eu lieu en Livonie.

22.

Montesquieu.

23.

Alexandre Newskoï, dont les moines russes ont fait un saint et un héros, est le plus lâche des tzars qu'ait eus la Russie, et peut-être le plus vil des tyrans connus. C'est lui qui acheva la ruine de cette

ville illustre par un massacre général de tous ses habitans. Loin' de s'unir aux Nowgorodiens, qui se-
couoient courageusement le joug des Tartares, il se
fit lui-même l'exécuteur de ces brigands contre ses
propres sujets, et détruisoit les villes qui refusoient
de payer tribut à l'étranger. On a vu des tyrans
exercer pour leur compte de pareilles cruautés; mais
il étoit réservé à *saint* Alexandre de donner l'exemple
de la plus absurde bassesse.

24.

Slawa, en russe, signifie gloire; et certainement
les Français et les Russes sont les peuples les plus
heureusement nommés. On voit que les mots Slawoï
ou Slawnoï, qui signifient les *glorieux*, et dont les
étrangers ont fait Slaves et Esclavons, sont étrange-
ment défigurés. D'autres étymologistes prétendent
pourtant que toutes les nations slaves ou sclaves,
étant connues en Europe comme asservies, on donna
dans l'Occident le nom *d'esclave* aux malheureux qui
avoient, comme elles, perdu leur liberté, et que
c'est de ces régions que tous les genres de servitudes
sont venus en Europe.

CARACTÈRE NATIONAL.

CARACTÈRE NATIONAL.

Du Noble, du Courtisan, du Paysan, de l'Artiste et du Soldat russes.

Le caractère russe, a-t-on dit, est de n'en avoir aucun, mais de savoir merveilleusement s'adapter celui des autres nations. Si l'on ne veut parler que des Russes de la classe supérieure, on a raison; mais cela pourroit s'appliquer également à tous les peuples à demi policés, et même aux habitans de toutes les grandes villes, dont les physionomies se confondent aussi bien que les mœurs, parce qu'ils tirent leurs institutions et leurs alimens des mêmes sources, que leur race est mélangée, et leur genre de vie le même.

Le noble Russe, le seul Russe qu'on puisse voir dans l'étranger et bien connoître dans son pays, a effectivement une grande aptitude à s'identifier avec les opinions, les moeurs, les manières et les langues des autres nations. Il sera frivole comme un ci-devant petit-maître français, fou de la musique comme un Italien, raisonnable comme un Allemand, singulier comme un Anglais, bas comme un esclave, et fier comme un républicain. Il changera de goût et de caractère aussi facilement que de modes, et cette souplesse d'organes et d'esprit est sûrement un trait qui le distingue.

L'on ne s'étonnera point de cette grande mobilité, si l'on se souvient que le Russe est un peuple nouveau sur lequel toutes les nations ont plus ou moins influé. Il a reçu de l'étranger des arts, des sciences, des vices et peu de vertus. Le génie du gouvernement et le caractère particulier de l'autocrate s'impriment sur toute la nation, comme sur un seul homme, et la religion grecque, la plus absurde de toutes les sectes chrétiennes, achève de la dénaturer. On peut dire du Russe que son gouvernement l'avilit, que sa religion le déprave, et que sa prétendue civilisation l'a corrompu.

Ce n'est donc qu'à travers toutes ces institutions vicieuses, que l'on peut remonter au caractère primitif de cette grande nation : mille ans d'esclavage sous les *Varègues*, sous les *Tartars* et sous ses propres tzars, n'ont pu l'effacer ; et que ne doit pas avoir été ce peuple, qui, dans sa misère et ses chaînes, nous montre encore tant de belles qualités ! Le paysan russe, sans propriété, sans religion, sans morale, sans honneur, est hospitalier, humain, serviable, gai, fidèle et courageux : plus on s'enfonce loin des villes, plus on le trouve bon ; le plus sauvage est toujours le meilleur, le plus éloigné de son tyran est le plus près de la vertu ; il a, en un mot, toutes ces vertus innées qui nous rappellent les moeurs patriarchales, et ses vices ne sont que ceux de la servitude. Les restes de barbarie que montre encore la portion la plus éclairée offrent un contraste dégoûtant. Cette barbarie se décèle par la grossièreté des mœurs, le mépris outrageant pour les hommes en général, le dédain pour les inférieurs et la crainte servile pour les supérieurs; par l'indifférence pour tout ce qui tend à perfectionner, l'ignorance des convenances sociales, l'orgueil insolent, la bassesse, l'impudeur, le manque d'esprit public et de patriotisme, mais surtout par le défaut de cet honneur qui quelquefois tient lieu de la probité et même de la vertu. Le Russe à demi éclairé est le plus vil des hommes; il rampe comme le ver; il invite à l'écraser; il est plus servile que son gouvernement n'est despotique: il est impossible à son maître de n'être pas son tyran.

Ce semi-barbare est surtout propre au métier de courtisan; car il est également cruel, avide, lâche et rusé: mais on auroit tort d'attacher au mot courtisan, lorsqu'il est question d'un Russe, ces idées d'urbanité, d'élégance de mœurs, et de délicatesse

d'esprit

d'esprit, dont ils se vernissent ailleurs [1]. En Russie, celui qui réussit à la cour, surtout auprès des grands, n'est souvent que le plus effronté et le plus infâme personnage, qui est prêt à offrir son dos au roi des grenouilles, non pas gisant dans le marais, mais manié par un bras aussi vigoureux que celui de Pierre I. Tout homme bien pensant, tout jeune homme d'une ame noble ou d'un esprit cultivé, ne plaira point à la cour; et si sa naissance ou les circonstances l'y attachent, il sera craint et disgracié à l'instant où il sera reconnu.

Le Russe en général aime à s'instruire et honore les étrangers : il n'y a que ceux qui manquent absolument d'éducation, qui les haïssent, ou qui en soient jaloux lorsqu'ils se trouvent en rivalité avec eux. Une chose qui leur fait moins honneur distingue encore les Russes; c'est une espèce de politesse basse et servile, qui s'exhale en complimens sottement flatteurs: des gestes rampans, une contenance humble et soumise devant leurs supérieurs, rappellent leur servitude orientale. Ils ne savent pas être polis sans bassesse, ni flatteurs sans flagornerie : c'est que pour être vraiment poli, il faut être vraiment honnête, et ne pas faire par contrainte, par intérêt et par devoir, ce qu'on ne doit faire que par sentiment ou par bienséance.

On trouve en Russie dans la caste opprimante deux sortes de gens qui diffèrent absolument de moeurs et d'opinions. Des siècles les séparent : à peine s'imagine-t-on qu'ils sont du même peuple, quoiqu'ils soient souvent de la même famille. Les uns sont les frondeurs de toute réforme, de toute instruction, de toute amélioration : ils voudroient faire reculer la nation vers la barbarie et la séquestrer du reste de l'Europe ; ils regardent toute civilisation comme perversive, et Pierre I est pour eux non le législateur, mais le corrupteur de son empire ; ils sont pétris de superstitions, d'ignorance et de préjugés barbares. Les *Raskolnikis* politiques détestent les étrangers, plus que ne le font les Turcs et les Chinois :

mais ils ont souvent des moeurs et des vertus domestiques, et les excès de la révolution française firent triompher leur système.

Les autres sont ceux qui, adoptant les
moeurs et les usages de l'Europe, s'efforcent de marcher de niveau avec leurs con-
temporains, et les dévancent trop souvent
pour la corruption et les ridicules. Ils se
font gloire de mépriser ou d'ignorer les
anciens usages de leur pays ; ils ont de
l'esprit, ils sont sociables, et acquièrent
des connoissances et des talens. C'est parmi eux que l'on trouve des hommes d'un
grand mérite et aimables, plus que partout
ailleurs : mais, pour la plupart, ils sont
plus polis qu'honnêtes, plus dépravés qu'instruits, et plus vains qu'orgueilleux. Ils
sont persécutés sous le règne ténébreux de
Paul, qui s'efforce de tout ramener au siècle
des *Ivan-Basilides* ; et les lueurs de la révolution française en ont effrayé plusieurs
qui se remettent docilement à la lisière de
la barbarie.

Au milieu de cette barbarie, la nation russe est demeurée exempte de trois erreurs funestes, qui ont souillé le reste de l'Europe de crimes et d'abus. Jamais les Russes ne se firent un faux point d'honneur de se venger d'un démenti par un meurtre [3] : leur histoire ne fait mention d'aucune guerre, d'aucun massacre, occasionnés par un fanatisme religieux [4]; et ils n'ont jamais regardé la naissance comme supérieure au mérite [5]. La Russie n'estima point jusqu'ici la noblesse en raison inverse de sa valeur supposée, je veux dire de son ancienneté; ce qu'on y appelle noblesse a vraiment une origine noble et précieuse, la liberté : noble ne signifioit qu'homme libre et propriétaire, ainsi qu'on l'a vu plus haut.

Après l'ivrognerie, le vice le plus prononcé et le plus commun parmi les Russes, c'est le vol. Je doute qu'aucun peuple de la terre soit plus naturellement enclin à s'approprier le bien d'autrui : du premier ministre au général d'armée, du laquais au soldat, tout vole, tout pille et tout friponne.

On n'a point en Russie pour le voleur ce mépris avilissant qui le couvre d'infamie, même parmi la dernière populace: ce qu'il a de plus à craindre en volant, c'est d'être obligé de rendre ce qu'il a pris, car il compte pour rien quelques coups de bâton; et, lorsque vous l'attrapez sur le fait, il s'écrie en ricanant: *Winawat, Gospodin! Winawat!* (je suis fautif, monsieur), et il vous rend son butin, comme une rançon suffisante. Ce vice honteux répandu dans toutes les classes est à peine blâmé. Il arrive quelquefois que, dans les appartemens de la cour où les personnes qualifiées et les officiers supérieurs ont seuls entrée, l'on vous enlève votre portefeuille, comme dans une foire [6]. Un étranger qui loge avec un Russe, fût-ce un *Kniaiss*, apprendra à ses dépens qu'il ne faut rien laisser sur sa toilette ou son bureau, et c'est même un dicton russe que ce qui n'est pas enfermé appartient à qui le veut prendre. On attribue faussement aux Spartiates la même qualité; mais un Anglais, qui a publié un livre sur la ressemblance des Russes avec les Grecs, après avoir prouvé qu'ils mangeoient, chantoient et dormoient comme eux, a oublié d'ajouter qu'ils voloient mieux encore.

D'où vient donc que les Russes sont plus voleurs que les autres peuples à demi policés? seroit-ce parce que le larcin est moins puni en Russie qu'ailleurs? Non, cela vient de l'immoralité de la religion grecque [7], du manque de lois et de police, mais surtout de la mauvaise éducation des nobles, entourés dès le berceau par des esclaves qui leur communiquent la bassesse de leurs sentimens.

Si vous êtes en Russie plus qu'ailleurs exposé à être volé en détail, vous y risquez moins qu'en Angleterre d'être assassiné. Je parcourois avec plus de sécurité les places vides de Pétersbourg et les déserts de Russie, que les rues populeuses de Londres et les routes fréquentées de France. Partout où je rencontrois une cabane, j'étois sûr de trouver sur son seuil l'hospitalité, et, si je portois une cocarde à mon chapeau,

je me faisois respecter et craindre des mal-
intentionnés.

Si le vol et l'ivrognerie sont les vices
les plus saillans des Russes, l'hospitalité
et la valeur sont leurs qualités les plus
marquantes.

On voit, de l'excès de l'esclavage et du
malheur, naître quelques biens, comme on
voit, du sein de la corruption, sortir quelques germes. Les pays où les hommes
sont esclaves ou sauvages sont pauvres en
population, lors même qu'ils sont fertiles :
par conséquent les hommes doivent y être
à l'aise, et, pour peu qu'on leur laisse
de force et de tems, ils se procurent en
abondance les premières nécessités de la vie.
Ayant peu de besoins et une propriété
mal assurée, ils vivent au jour le jour,
et sont dispensateurs faciles des biens dont
ils jouissent. Un serf partage volontiers
son pain, son sel et sa cabane avec le passant [8] ; et un noble aussi volontiers sa
table et ses plaisirs avec un étranger [9].
L'esclave russe ou livonien peut tous les

ans mettre le feu à une forêt, et ensemencer une terre vierge encore, qui lui rend dix ou quinze pour un : cet esclave n'emploie pour lui que le plus absolu nécessaire de son tems et de ses denrées, pour ne pas mourir de faim et succomber à ses travaux: tout le reste est consacré à augmenter le superflu de son tyran [10]. Or en Russie, où il y a trente millions d'esclaves, il n'y a pas cent mille tyrans qui s'engraissent de leur sang et de leurs sueurs; et ce sont ceux-là seulement qui composent la classe *consommatrice* d'un empire immense et fertile : il n'est donc pas étonnant de voir les seigneurs russes étaler un luxe et une profusion qui en imposent, et qu'on chercheroit en vain dans les pays où les biens et les maux sont plus également départis. Il faut avouer que plusieurs de ces grands seigneurs conservent des qualités louables. Ils sont en général plus enclins à jouir de leurs richesses qu'à les accumuler : ces richesses sont renaissantes comme la race d'hommes qui en est la source, et ne leur coûtent souvent rien à acquérir. La munificence de leur tzar et les prévarications de toute espèce en sont ordinairement l'origine impure: mais ils savent qu'ils peuvent aussi facilement les perdre que les obtenir, et ils en jouissent; quelques-uns même le font avec une noblesse qui leur fait supposer des vertus, ou du moins des remords.

Le génie du peuple russe se tourne avidement vers le commerce, et y paroît surtout propre. Lorsqu'un paysan peut obtenir un passeport de son maître [11], il se hâte de quitter ses ingrats sillons pour embrasser quelque genre d'industrie , dans l'espérance d'amasser de quoi acheter sa liberté; mais il est en cela souvent trompé [12]. Les marchands russes , pour la plupart esclaves et encore entravés par le gouvernement le plus absurde , peuvent rarement, malgré toute leur industrie, s'élever à de grandes spéculations! ils se bornent au trafic intérieur; et, au lieu d'être les négocians dans leur propre pays, ils n'y sont que les commissionnaires des Anglais, **et** se voient obligés de se rabattre, comme ailleurs les Juifs, sur un petit commerce de détail de merciers et de colporteurs.

On est vraiment émerveillé de voir avec quel soin la politique russe cherche à ruiner ses sujets. Ils ne peuvent commercer avantageusement, qu'autant qu'il y a concurrence entre les nations étrangères qui ont besoin des productions naturelles de la Russie: cependant le cabinet de Pétersbourg a fermé tous ses ports aux rivaux de l'Angleterre. Les Anglais sont les seuls pourvoyeurs de la Russie, et les arbitres du prix de ses productions et de la valeur de ses roubles, puisqu'eux seuls fixent le change: ils font en un mot ce commerce avec le même avantage qu'on le fait chez tous les peuples barbares, dont le gouvernement plus barbare encore vend des privilèges à quelque compagnie exclusive [13].

Mirabeau l'a dit, le peuple russe est le plus malléable des peuples. Un jeune paysan sauvage, brute, timide, arraché à son

hameau, est en moins d'un mois métamor-
phosé en laquais élégant et adroit, ou en
soldat leste et hardi. Son maître en fait
en peu de tems son tailleur, son musicien,
même son chirurgien et son avocat.

On m'avoit répété cent fois que le meilleur moyen de leur apprendre quelque
chose, c'étoit de les battre; je ne pouvois
le croire; je l'ai vu. Lorsqu'on délivre
quelques centaines de recrues à un officier, pour en former un nouveau bataillon,
on lui fournit aussi le drap et le cuir nécessaires pour les habiller. Ayant rangé ces
malheureux à la file, il leur dit : « Toi, tu
seras le tailleur, toi le cordonnier, et toi
le musicien de la compagnie. » S'ils mur-
murent, on commence par distribuer quelques coups de bâton à ces élus, et on leur
donne quelques mauvais instrumens pour
aller s'essayer dans leur art respectif. On
renouvelle la bastonnade, jusqu'à ce qu'ils
rapportent une botte ou un habit passable-
ment faits, et qu'ils sachent jouer la marche du régiment. » Mais, disois-je à un

colonel qui se vantoit d'en user ainsi pour
former les *grenadiers de Moscou*, « parmi
« ces hommes il y en a plusieurs, qui, dans
« leurs villages, avoient exercé les arts
« dont vous avez besoin : au lieu de choisir
« vous-même, que ne les interrogiez-vous ?
« celui qui sait jouer de la *Balaleika* [14] au-
« roit été un bon fifre, et celui qui de lui
« même apprit à faire les *Lapki* [15] seroit de-
« venu le meilleur cordonnier. » — «Oh!»
me dit-il, « vous êtes étranger, vous ne
« connoissez pas nos Russes : parmi tous
« ces gueux-là, il n'y en a pas un qui
« voulût avouer son talent.» Étrange et
triste vérité! mais ce n'est pas le Russe seul,
c'est l'esclave de tous les pays. On sera
toujours dans le même cas, lorsqu'on voudra que l'homme emploie forcément les
facultés de son corps et de son ame.

Cet esprit de sujétion machinale où l'on
soumet les Russes influe malheureusement
sur tous les arts qu'ils imitent. Ils ont une
musique nationale de leur invention, qui
est extraordinaire, et qui porte l'empreinte

caractéristique de leur génie asservi : elle paroît plutôt faite pour être exécutée par une machine que par des hommes. Une cinquantaine de prétendus musiciens ont chacun un cor dont la grandeur est différente et graduelle, comme les tuyaux d'un orgue : chacun de ces cornets ne rend qu'un son, et chacun des musiciens n'a devant lui qu'une seule et même note, dont le plus ou le moins de valeur, et le plus ou moins d'intervalle, forment toute la variation. C'est ainsi que ces musiciens, répétant chacun leur note, exécutent, par un accord général, les airs les plus simples et les plus composés. La grandeur de ces cornets, la pureté et la profondeur de leurs sons, rendent ce concert sublime : il est surtout du plus grand effet la nuit et à la campagne. Mais je doute qu'il soit possible d'établir ailleurs qu'en Russie cette étrange musique, parce qu'on trouveroit difficilement cinquante hommes qui voulussent consacrer leur vie à ne souffler qu'une même note dans un cornet, et s'assujettir, des heures

entières, à compter des pauses pour attendre le moment de pousser un son, sans
pouvoir s'affecter de l'air qu'ils jouent, ni
de l'art qu'ils professent: il n'y a qu'un
automate, un tuyau d'orgue, ou un esclave,
que l'on puisse contraindre à cette exactitude. Les Grecs et les Romains avoient
aussi des esclaves, mais ils avoient des arts
libéraux; il n'en est point en Russie: tous
les arts y sont étrangers ou serviles, et
ne se naturaliseront qu'avec la liberté.

Soit en exerçant les arts, soit en gui-
dant la charrue nourricière, soit en ma-
niant le fusil destructeur, le Russe est enchaîné et tremblant sous le bras d'un maître:
toutes les qualités de son ame sont flétries,
et les plus doux sentimens du coeur outra-
gés [16]. Chose étonnante! c'est avec ces
hommes avilis, arrachés de force à leurs
familles, comme l'agneau à sa bergerie, et
dont la plupart meurent de douleur et
d'effroi avant d'arriver à l'armée où ils sont
conduits à coups de gaules, c'est, dis-je,
avec de pareils guerriers que la Russie a

remporté tant de victoires sur ses voisins!
On pourroit pourtant trouver des raisons
de ces contradictions apparentes. Le Russe
qui a pu supporter les misères de sa vie,
jusqu'à ce qu'il fût façonné au métier de
soldat, doit être regardé comme un être
invulnérable, ou du moins insensible, trem-
pé dans le Styx. Un tiers à peine échappe
à ces épreuves, mais il demeure infatigable
et dur comme un métal battu sous le mar-
teau. Du fastueux prince moscovite qui
ronge une rave ou un concombre cru,
après s'être goinfré de mets exquis à une
table somptueuse [17], jusqu'au sale Sibérien
qui se nourrit de poissons pourris, et qui
invite ses voisins à se régaler avec lui de
l'arrière-faix de sa femme en couche [18],
tous les peuples russes semblent avoir un
tempérament de fer et supporter également
les excès du froid et du chaud, de la gour-
mandise et de l'abstinence. Les vieux soldats écrouis sur l'enclume du despotisme
sont les plus durs des hommes. Ils sortent
d'une étuve, se roulent dans la neige, et

s'endorment sur un glaçon. Ils passent des travaux les plus rudes au repos le plus fainéant : après le jeûne le plus long et le plus austère, ils se gorgent impunément de viandes, et, avec un soukaré (biscuit) et un oignon dans la poche, ils feront soixante verstes par jour pour suivre Souvorow.

> Lassant la faim, la soif et la fatigue,
> Le soldat russe affronte les revers,
> Brave la mort et franchit les déserts.
> Fier et soumis, de soi-même prodigue,
> Guidez son bras ; il détruit l'univers.

En un mot, si, pour être bon soldat, il ne falloit qu'être la plus exacte machine, ainsi qu'on l'a cru long-tems, le Russe seroit à coup sûr le meilleur soldat du monde entier. Sa valeur est si machinale et si docile [19], qu'il craint davantage la canne de son officier que le canon de l'ennemi : l'on pourroit dire de lui qu'il est brave à force

de

de lâcheté. Au rebours de bien d'autres nations, le soldat russe est plus intrépide que son officier. Il a pour véhicules puissans son instinct féroce, l'ardeur du pillage et son propre désespoir. L'officier n'a point les mêmes stimulans, et manque souvent de ce point d'honneur qui tient lieu de patriotisme et de valeur. Catherine y substitua l'appas des récompenses de toute espèce, qu'elle prodigua en toute occasion. Chaque officier qui s'étoit trouvé à un combat recevoit un grade; ceux dont les généraux faisoient mention honorable dans leurs rapports recevoient des croix et des épées d'or; et ceux qui étoient blessés, des paysans ou des pensions. J'ai vu des officiers qui, pour une seule campagne, avoient reçu deux croix, une épée d'or et deux grades. Il y a loin de la valeur de ces soldats-là à celle de ces guerriers, dont une feuille de chêne, ou une simple approbation de leur patrie, paie les exploits héroïques.

Malgré sa barbarie et son abrutissement, le soldat russe a conservé des vertus, et il en donne souvent des preuves au milieu des excès où il se livre trop souvent ; car, malgré l'horreur et l'effroi qu'inspire au paysan l'état de soldat, on a vu de jeunes gens se jeter aux pieds des recruteurs, et les supplier de les prendre au lieu de leur frère qu'on enlevoit à sa famille [21]. Il ne faut pas comparer un pareil dévouement à celui d'un Français qui s'offroit à remplacer un de ses parens : il ne sacrifioit que huit ans de sa liberté ; mais le Russe sacrifie sa vie entière. Une fois enlevé à sa cabane et à tous ceux qu'il peut chérir, il doit vieillir sous la discipline la plus dure, ou tomber sous le fer de l'ennemi. S'il est marié, à peine aura-t-il quitté sa femme que son maître peut la donner à un autre [22], et, s'il a des enfans, il ne les reverra jamais [23]. Il est perdu, mort pour sa famille : il devient égorgeur, et parvient enfin à se plaire à ce métier.

On le voit alors donner des preuves de courage et de confiance à ses généraux, qui lui tiennent lieu de patriotisme [24]. Tel on

voit le chien bien dressé montrer par obéis-
sance le même courage que le lion généreux
qui défend sa vie ou sa liberté. Par sa
bravoure, par sa gaieté naturelle, par ses
allures et sa propreté, aucun soldat n'approche du Français comme le Russe. Il y
a des régimens, qui, depuis soixante ans,
ont presque toujours été en présence de
l'ennemi: ces guerres continuelles ont aguer-
ri les Russes: mais les massacres d'Otschakow, d'Ismaïl et de Prague, dont l'Europe frémit encore, leurs dévastations dans
la malheureuse Pologne, ont donné à leur
valeur le caractère de la barbarie la plus
féroce; mais ce caractère étoit celui des
généraux qui les commandoient, celui de
Catherine même qui les excitoit, plutôt
que le leur. Cette vieille furie railloit *la
sainte humanité* avec laquelle Repnin tem-
porisoit en Lithuanie, et le boucher Souvorow devint son héros: mais, au milieu
de cette horde de buveurs de sang qu'elle
lâchoit sur cette malheureuse nation, à
côté des Souvorow, des Denisow, des

Kakousky, des Kretschetnikow, dont les noms sont moins barbares encore que les caractères, on voyoit les Repnin, les Gallitzin, les Buchshewden, les Fersen, le jeune Tolstoï, et plusieurs officiers supérieurs, dont l'humanité et l'urbanité même contrastoient avec la barbarie de leurs compagnons. Les Russes, devenus si féroces sous le règne de Catherine, l'étoient beaucoup moins sous celui de la douce Elizabeth. Leur mémoire est encore chère en Prusse : la conduite et la discipline, qu'ils y observèrent pendant deux ans, y méritèrent la reconnoissance des habitans. Ce n'est donc pas à la nation en général qu'il faut attribuer ces massacres. Le Russe est esclave : il suit les impulsions qu'on lui donne ; il est ce que l'on veut qu'il soit. Les Cosaques irréguliers, les Bachkirs, les Kirguis et les Kalmouks, qui composent leurs troupes légères, sont seuls des barbares sans discipline.

Il a fallu au génie de Catherine une nation aussi neuve, aussi malléable, et dont elle puisse dire, comme le statuaire de *la Fontaine* disoit de son bloc de marbre : Sera-t-il dieu, table, ou cuvette? Elle n'eût pu faire un dieu du Russe, mais elle eût pu en faire un homme ; son plus grand crime est de ne pas avoir mis là sa gloire [26] : elle en a fait sa cuvette. En souffrant le règne de Catherine et de ses douze favoris, le peuple russe a prouvé qu'il étoit le plus avili des peuples ; et, s'il supporte jusqu'au bout la tyrannie de Paul, il faut qu'il en soit le plus lâche.

Pierre I avoit chargé un moine de traduire en russe l'histoire politique de l'Europe par Puffendorff : le moine, par un sentiment de basse et fausse délicatesse, affoiblit toutes les expressions qui concernoient l'esclavage et la Russie ; il se permit même de supprimer entièrement le chapitre qui traite du caractère national des Moscovites. Pierre s'en aperçut d'abord en feuilletant le livre, fit une verte remontrance au moine, et lui ordonna d'aller sur-le-champ traduire et rétablir le tout fidèlement. On estimera cette noble franchise d'un despote dur et barbare: mais que dira-t-on en apprenant que, sous le gouvernement de Catherine, une nouvelle traduction de Puffendorff n'a paru qu'avec les sots et ridicules retranchemens que le moine avoit voulu faire?

Peuple russe, peuple brave et puissant, aimable et hospitalier, chez qui je trouvai des protecteurs et des amis, pardonne à la franchise d'un étranger qui ose te peindre comme il t'a vu, et qui, s'il eût parlé de ses compatriotes mêmes, n'auroit pu toujours en dire du bien. En peignant tes bonnes qualités, j'ai montré ton coeur: en peignant tes vices, je n'ai montré que l'empreinte de tes fers. Puisse la Liberté l'effacer un jour!

NOTES
DU SEPTIÈME CAHIER.

***

1.

Un caractère qui n'a pas été traité et qui attend encore un Molière, c'est celui du Courtisan, le seul digne de faire pendant au Tartuffe; mais il est inutile de lui donner tant d'esprit et de finesse: les rois sont des Orgons bien plus faciles à duper. Il est aussi étonnant que dans la bonne comédie on ne s'empare pas maintenant du personnage de roi, aussi bien que dans la tragédie; car il y a des rois qui ne sont pas moins ridicules qu'horribles. Après les papes, ce doit être leur tour: on peut, sans outrer la plaisanterie, les mettre en scène très-plaisamment; et quel plus grand exemple à offrir? Mais du vrai, du vrai! ce sera le plus piquant. Ah! si un homme à talent vouloit nous montrer un personnage couronné dans le goût des capitans ou des médecins de Molière, qu'il aille au Nord: quel original à copier!

2.

Rien n'égale la bêtise et la grossièreté avec lesquelles ils apostrophent quelquefois les étrangers. *Nous avons du pain*, disent-ils, et vous êtes obligés de venir chez nous pour ne pas mourir de faim. Malheureux, trop barbares pour ne pas rougir des causes de cette abondance de *pain* dont ils se vantent! Oui, quelques milliers de leurs semblables mangent du pain de froment, parce que trente millions d'esclaves broutent l'herbe et rongent l'écorce de bouleau, dont ils se nourrissent comme les castors qui les surpassent en intelligence. Quelques villes jouissent des plaisirs de la vie et étalent des palais, parce que des provinces sont désertes ou n'offrent que de misérables huttes, où l'on soupçonneroit des ours plutôt que des hommes. Dans une caverne de brigands on voit aussi l'abondance, et souvent le passant égaré y trouve l'hospitalité.

3.

Il faut pourtant convenir que les Russes, aussi bien que les Grecs et les Romains, ont prouvé qu'un guerrier peut être brave sans avoir la manie d'égorger son camarade en duel. Le même officier, qui rend avec la canne un coup qu'on lui porte avec la main, monte un instant après à l'assaut comme un brave.

Mais il est vrai aussi que, dans une société où un soufflet peut s'effacer avec un coup de poing, et où l'on peut répondre à celui qui vous dit une injure en lui crachant au nez, on ne doit pas s'attendre à cette politesse et à ces égards cérémonieux qu'affectent les peuples polis: aussi le commun des officiers russes ressemble un peu à une troupe de laquais en uniforme. Un prince russe m'assurant de quelque chose *parole d'homme d'honneur*, je lui dis: Comment pouvez-vous m'engager *la parole d'un autre?* On pourroit appliquer cette repartie à la plupart: mais, pour ceux qui ont de l'éducation, ils ne le cèdent à personne pour la politesse et l'honneur.

4.

La persécution des *Razkolnikis* par le liturgiste Nicon fait à peine une exception. Cette tolérance nationale a d'ailleurs eu pour garant l'heureuse ignorance des popes, qui, de tout tems, ont mieux aimé s'enivrer et dormir que de dogmatiser.

5.

On a vu que Paul s'efforce aujourd'hui d'établir une noblesse gothique, de dresser des arbres généalogiques et d'introduire le blason, seule science qu'il permette actuellement de cultiver.

6.

Le roi de Suède, après le combat du 9 juillet 1790, fit dîner à sa table une partie des officiers russes prisonniers : l'un d'eux y vola une assiette. Le roi indigné les fit tous distribuer dans des bourgades où l'on ne les servit plus en vaisselle d'argent.

7.

Une preuve que c'est surtout leur religion qui leur laisse, ou plutôt leur donne cette qualité, c'est qu'elle n'est point commune aux peuples soumis au gouvernement russe qui professent une autre religion, ou qui n'en ont aucune. Les Tartares musulmans sont d'une fidélité à l'épreuve; les Sibériens payens, d'une bonne foi exemplaire; et les Livoniens, Esthoniens et Finnois, Luthériens, ne sont ni fripons ni voleurs. Le culte des images a cependant introduit un heureux préjugé chez les Russes. Celui qui, sans scrupule, forcera un coffre fort n'osera briser un cachet. Voici un fait. Ayant un jour donné à un jeune soldat, qui me servoit, deux roubles pour deux lettres que je lui ordonnois de porter à la poste, je sortis. A mon retour, je vois qu'on a forcé mon coffre et enlevé dix roubles en cuivre qui s'y trouvoient : j'apprends que mon soldat a joué et perdu beaucoup d'argent avec les couriers de la chancellerie, et je le fais en vain chercher. Je le dénonce comme déserteur. Trois jours après, il se présente, se jette à mes pieds et demande grace, avoue qu'il a volé les dix roubles et qu'il s'est caché au fond des bois, mais que la faim et le repentir le ramènent. Loin de le livrer comme voleur et déserteur, je me contente d'ordonner à un bas-officier de lui distribuer vingt coups de baguettes. A cet ordre, il se jette encore à mes pieds, et me supplie en pleurant de le faire punir plus sévèrement, afin, dit-il, *qu'il ne lui reste rien sur la conscience d'avoir volé son maître; qu'il méritoit pour le moins cent coups, et qu'il en auroit davantage si je l'envoyois au régiment.* Il insista long-tems pour obtenir cette singulière grace. Surpris d'une telle requête et touché de son repentir, j'étois loin de la lui accorder; mais je lui dis: Maintenant que tu as tout avoué, dis-moi aussi ce que tu as fait de mes lettres qui sont importantes? — Monsieur, je les ai portées à la poste. — Voudrois-tu donc me faire croire que tu n'auras pas commencé par jouer les deux roubles que je t'avois remis, avant de briser mon coffre? — *Ah! dit-il, Dieu me préserve d'avoir touché à un argent qui appartenoit à une chose cachetée!* Effectivement, après avoir perdu, rouble après rouble, ce qu'il avoit enlevé, il avoit porté les lettres et l'argent à la poste, et j'en reçus les réponses dans le tems.

8.

Un passant entrant dans la cabane d'un paysan
salue l'image d'un signe de croix, et ensuite son hôte,
en disant *pain et sel :* puis il s'assied sur le banc et
mange avec la famille, comme s'il en étoit.

9.

En Russie, les parasites ne sont point encore mé-
prisés. Le général, le riche négociant, tout homme
un peu à son aise, tient une espèce de table ouverte,
où l'officier, les amis et les connoissances de la maison, et cette foule de jeunes gens et d'étrangers qui
n'ont ni feu ni lieu, sont journellement reçus.

10.

Plusieurs seigneurs russes et livoniens font travailler leurs esclaves cinq jours de la semaine : quelques-
uns même ne laissent à ces malheureux que le *saint
jour du repos,* pour cultiver le champ nourricier de
leur famille. Mais je laisse à l'un de mes amis, qui
traite ce sujet et plusieurs autres plus spécialement,
le soin de détailler la tyrannie horrible, incompré-
hensible, que souffrent les Russes et surtout les
misérables Livoniens. L'estimable *Merkel* (*) vient

(*) *Note.* Auteur d'un ouvrage allemand intitulé : *Les Lettons.*

d'indiquer l'Allemagne même, en donnant une idée de leur sort : jamais le système féodal, jamais le code noir, n'offrirent de telles atrocités. Paul, en détruisant tout ce qu'avoit fait sa mère dans le commencement de son règne en faveur des esclaves, les a remis à la merci de leurs maîtres particuliers, comme des bipèdes domestiques. Et des Livoniens, des Allemands, osent dans ce siècle, à la face de l'Europe, traiter ainsi des hommes ! Puissent au moins les amis de la liberté et de l'humanité se liguer avec autant d'ardeur pour affranchir ces victimes, que les brigands en montrèrent en se croisant pour les asservir ! Tout possesseur d'âmes, qui oseroit désormais se montrer en Europe, devroit être banni de la société.

11.

Un paysan, pour vingt-cinq roubles par an, obtient quelquefois de son maître un passeport ou congé, à la faveur duquel il peut exercer son industrie dans les villes ; mais son tribut augmente à raison de cette industrie.

12.

L'esclave russe, quand il est parvenu à amasser un petit pécule, ne peut pas toujours l'offrir pour sa

rançon : car son maître s'approprie quelquefois son
trésor et rive davantage ses fers. Plusieurs de ces esclaves deviennent très-riches ; mais leurs maîtres re-
fusent de leur vendre leur liberté, regardant leurs
capitaux et leur industrie comme leur propre bien, et
comme une dernière ressource pour eux. Il en est qui,
après s'être ruinés au jeu, ont fait des recherches
domiciliaires chez leurs esclaves pour se saisir de tout
ce qui s'y trouvoit. Ce brigandage est une des raisons pour lesquelles les paysans enterrent souvent
leur argent, et meurent avant d'avoir pu le révéler
à leurs enfans.

13.

Quoiqu'on en dise en Russie, le commerce y est
toujours passif : toutes les productions naturelles de
cet empire immense ne peuvent payer les objets de
luxe étrangers importés dans les deux capitales. Un
vaisseau chargé de quincaillerie anglaise équivaut à
trente bâtimens chargés de fer, de bois ou de chanvre.
L'Anglais emporte du cuir, et rapporte des souliers ;
du grain, et rapporte de la bière, etc. etc. Le seul
pays avec lequel la Russie pourroit faire un échange
direct de productions, c'est la France qui peut lui
livrer l'huile et le vin : la Russie aime mieux les
acheter de la troisième ou de la quatrième main, et
les payer le double.

Les Russes, voyant que leur numéraire disparoît et qu'il ne leur reste que du papier, malgré la grande quantité d'or et d'argent qu'ils tirent de Sibérie, s'imaginent que ce sont les étrangers qui viennent chercher fortune, travailler et servir chez eux, qui l'emportent: c'est une grande erreur. Les gens de lettres, les militaires, s'enrichissent rarement, et moins en Russie que partout ailleurs: les artistes et les artisans y trouvent également plus souvent la misère que la fortune, et la plupart de ces étrangers meurent ou s'établissent dans le pays. Tous ceux qui arrivent apportent quelques ducats, et, sur cinquante, il n'en est pas deux qui s'en retournent avec quelque bien: si l'on calculoit, l'avantage se trouveroit à la Russie. Il n'y a plus depuis long-tems que les musiciens, les marchandes de modes, les prêteurs sur gage et les Anglais, qui s'y enrichissent: ces derniers sont sur-tout les vraies sangsues du pays.

14.

Espèce de luth à deux cordes, dont se servent les paysans russes.

15.

Chaussure d'écorce de tilleul, que portent les Russes.

16.

Ce qui m'a révolté, c'est de voir des hommes en cheveux blancs, avec une barbe patriarchale, couchés sur le ventre, les chausses abaissées, recevoir le fouet comme des enfans. Chose horrible! j'ai honte de l'écrire; mais il est des maîtres qui forcent quelquefois le fils à être ainsi l'exécuteur de son père: chose plus abominable! il est des fils qui se prêtent à un pareil outrage. Ces horreurs et beaucoup d'autres se commettent surtout dans les campagnes, où les seigneurs exercent dans leurs châteaux la même police sur les hommes que sur les animaux. Les femmes y sont fouettées, montrées à nu avec la même impudeur; et offrent quelquefois le spectacle le plus indigne et le plus dégoûtant. Au reste, ces barbaries deviennent rares, et inspirent autant d'horreur aux Russes honnêtes qu'à mes lecteurs; mais elles se commettent encore, et attestent combien l'espèce humaine est dégradée sous un gouvernement autocratique.

17.

On a souvent vu Potemkin, les jambes nues, les cheveux épars, se présenter au milieu de ses courtisans, mangeant comme un Orang-outang une rave ou une carotte crue, en sortant de la table de l'impératrice.

18.

18.

Voyez *Gmélin* et *Müller*: ils attestent ce fait, qui
doit être en usage.

19.

Le soldat russe donne quelquefois des preuves
bien plaisantes de cette exactitude machinale. Pierre I
avoit ordonné d'arrêter quiconque, après dix heures,
passeroit sans lanterne. Un médecin, venant de chez
son malade, étoit précédé de son domestique qui
portoit la sienne. Le domestique passa, et le médecin, malgré ses représentations, fut conduit par la
sentinelle au corps de garde. A un combat contre
les Suédois, une galère que montoient plusieurs officiers aux gardes coula à fond. L'officier de la galère
voisine cria aux siens: *Sauvez les officiers aux gardes!*
Un malheureux, tendant les bras hors de l'eau, demandoit secours: un soldat, avant de le retirer, lui
demanda: Es-tu officier aux gardes? l'autre, ne pou-
vant répondre, enfonça et périt.

20.

Les soldats recevoient une médaille d'argent, et
j'ai vu des régimens entiers où il n'y avoit que les

recrues nouvellement arrivées qui n'en eussent pas.
La médaille qui fut distribuée à ceux qui étoient de
l'expédition de Tschesmé ou Clazomène, où la flotte
turque fut brûlée, porte une inscription sublime :
Bouil, j'y étois. Paul aujourd'hui a une autre façon
de récompenser le soldat, qui est bien plus délicate.
Lorsqu'il a fait suer un régiment pendant toute la
journée et qu'il en est content, il lui donne la permission de jouer *la marche des grenadiers*, et il est
sûr que les musiciens reçoivent des coups de bâton
pour l'apprendre. C'est la Marseilloise de Paul.

21.

On m'avoit intéressé à un jeune homme, qui étoit
venu de deux cents lieues supplier qu'on le prît dans
un régiment à la place de son frère qui avoit une
famille nombreuse. J'en parlai au ministre de la
guerre, en lui détaillant un dévouement qui, selon
moi, méritoit qu'on donnât la liberté au soldat, sans
retenir son généreux frère. J'aurois peut-être réussi :
mais un parent du ministre, qui étoit présent, se mit
à dire : Ah ! il faudroit donc renvoyer tous les soldats ; car j'ai été mille fois témoin de pareils traits
qui vous étonnent. Je fus interdit, ne sachant ce que
je devois le plus admirer, du bon naturel des esclaves
russes ou de la dureté de leurs seigneurs. Celui-ci
avoit été pris par Pougatschef, enfermé dans un sac,

et prêt à être jeté dans la rivière, lorsqu'un parti russe le délivra.

22.

Cela est défendu ; mais cela arrive souvent, et c'est pour que le maître ne perde point de ses revenus, car il seroit obligé de nourrir la femme et les enfans : au lieu qu'en la remariant le successeur du mari cultive les mêmes champs et paye les mêmes tributs que lui. Souvent même un seigneur marie une fille robuste de vingt ans à un enfant de dix ou de douze, pour former de cette façon un nouveau feu. Quelquefois un père de famille n'ayant que de jeunes garçons, et accablé de travail, demande aussi une fille forte pour un de ses fils ; et c'est le beau-père qui lui fait des enfans, en attendant que ce fils grandisse. Ces désordres sont très-communs dans les campagnes.

23.

Le soldat n'obtient jamais de sémestre.

24.

Au siége d'Otschakow, un piquet de soldats, allant occuper un poste avancé, rencontre un officier de tranchée qui leur dit : Les Turcs ont fait une sortie ; ils occupent déjà le poste désigné : retournez, ou vous allez être massacrés. *Qu'est-ce que cela nous fait,* répond l'un des soldats, *c'est le prince Dolgorouky qui répond de nous.* Malgré les représentations de l'officier, ils allèrent, et ne revinrent pas.

A l'attaque que les Turcs tentèrent sur Kimbourg, Souvorow ivre sortit à la tête de sa garnison pour repousser l'ennemi. Les Russes plièrent au premier choc, et plusieurs prenoient déjà la fuite. Un soldat indigné arrête les fuyards sur la pointe de sa baïonnette, les force à retourner au combat, et charge à leur tête, comme s'il eût été leur officier. Catherine, informée de cette action, qui fut cause de la première victoire de la dernière guerre, voulut l'élever au grade d'officier. Il refusa cet avancement en disant qu'il ne savoit pas écrire, et qu'il aimoit mieux être bon soldat que mauvais officier. L'impératrice lui envoya alors une médaille d'or, et lui fit une pension de trois cents roubles.

25.

Au terrible combat de Brzescz qui fraya le chemin de Varsovie à Souvorow, il harangua ainsi ses soldats : *Camarades et frères ! notre bonne mère m'a ordonné de massacrer tous les Polonais : massacrons-les.* L'armée russe massacra les fuyards et les prisonniers pendant un jour entier, et Souvorow, à la tête des Cosaques, crioit à ceux qu'on ne pouvoit attraper : *Allez, allez, dites que Souvorow arrive.* À la nouvelle de ce combat, Catherine sortit toute transportée de son cabinet, et trouvant deux courtisans qui joüoient aux échecs dans son antichambre, elle leur dit : Ah ! messieurs, tandis que vous jouez aux échecs, je fais mieux, *je m'amuse à tuer des Polonais*, écoutez ; et elle leur lut le rapport avec emphase.

26.

Catherine, la disciple et l'idole de nos philosophes, la législatrice du Nord, a rivé les fers des malheureux Russes. Par quelle fatalité celle qui, dans sa jeunesse, ne craignit point de faire discuter s'il n'étoit pas à propos de rendre la liberté aux paysans, finit-elle par réduire au même esclavage les provinces qui avoient conservé quelques franchises? Wiasemsky, que Momonow, par calembour, appeloit Volterre, a, d'un trait de plume, réduit les Cosaques,

les Tartares et les Finnois, à la qualité d'esclaves,
pour augmenter la capitation. Catherine avoit pourtant garanti et reconnu leurs droits! Ce Wiasemsky,
aussi coquin que son successeur fut bête, étoit pro-
cureur-général et trésorier de l'empire, et c'étoit,
selon l'expression russe, *l'oeil du souverain.* Le comte
Panin, parlant de lui, dit à Catherine: Vous avez là
un oeil borgne. Elle répondit: C'est pour cela *que
je veux que le sénat lui obéisse.*

HUITIÈME CAHIER:
RELIGION.

RELIGION.

*Eglise grecque. Prêtres. Fêtes. Jeûnes.
Dieu de poche et Images.*

Lᴀ philosophie, qui dès long-tems re-
proche à la religion que ses plus zélés
défenseurs sont ordinairement les plus mé-
chans des hommes, trouve surtout en
Russie de quoi étayer ce terrible argu-
ment. C'est là que la secte la plus ignare,
ou la plus dégénérée du christianisme,
place encore le dogme au lieu de la morale, le miracle au lieu de la raison, la
pratique des cérémonies au lieu de la pratique des vertus, et le rachat du crime au
lieu du repentir ou de la punition. C'est
là qu'à coup sûr le dévot est un coquin [1],
et l'hypocrite un scélérat. J'ai avancé que
la principale cause des vices du peuple

étoit l'immoralité de sa religion; et l'on sera de mon avis, si l'on fait attention que dans les églises russo-grecques il n'y a ni prônes, ni exhortations, ni catéchisme. Une espèce de confession auriculaire, mais bien différente de celle des catholiques, est le seul acte qui rappelle le Russe à quelques devoirs: mais le confesseur ne lui recommande que des jeûnes, des litanies et des signes de croix; c'est là tout ce que la religion grecque orthodoxe apprend à ses sectaires. Il est vrai que dans la chapelle du palais l'archevêque, ou le métropolitain, fait quelquefois un sermon: mais ce sermon n'étoit qu'une flagornerie à Catherine qui l'écoutoit, les yeux baissés, et qui, par reconnoissance, baisoit la main au prédicateur. Il est encore vrai que Platon, archevêque de Moscou, et pourtant homme de mérite, a composé des homélies pleines de sens et d'éloquence, et qu'il a enjoint aux popes-curés d'en faire de semblables, ou du moins de lire les siennes les fêtes et dimanches. Mais les popes des campagnes ne sont pas toujours en état de satisfaire, même à cette dernière injonction, et les autres moins encore d'obéir à la première: ceux qui le pourroient ne le font pas.

Outre les cinquante - deux dimanches, les Russes choment *soixante-trois* jours de fêtes, dont vingt - cinq étoient consacrés au culte particulier de la déesse Catherine et de sa famille [2]. C'étoit à la cour des jours de *Te Deum*, ou plutôt *Te Deam*, de pompe, de bals, de distribution de graces, et de festins; dans les villes, des jours de désordres et d'ivrognerie. Dans les campagnes, ils auroient pu être des jours de relâche pour les malheureux: mais si, après la messe, leurs maîtres ne les conduisoient pas à leurs corvées ordinaires, ils consacroient ces momens à recueillir en hâte leurs propres moissons; en cela, ces fêtes étoient un bienfait pour eux.

Ce qu'il y a de plus méprisable et de plus méprisé en Russie, ce sont les prêtres:

plusieurs ne savent pas lire; mais ils sont plus méprisables encore par leurs moeurs crapuleuses que par leur ignorance crasse. Il y a pourtant des séminaires pour les instruire; mais il ne faut pas toujours y avoir été élevé pour être reçu prêtre. Un père transmet à son fils sa cure, son église et son troupeau; il n'a pour cela besoin que de l'agrément de son seigneur, qui obtient facilement celui de l'évêque. Si ce fils sait, comme le père, lire un peu le slavon, dire la messe et chanter vêpres, il est maître en son métier et l'exerce. Il va ensuite boire, s'enivrer et se battre avec ses paroissiens, qui cependant lui baisent la main et lui demandent sa bénédiction après l'avoir battu [3]. Il n'est pas rare de rencontrer dans les rues de Pétersbourg et de Moscou des prêtres et des moines ivres, qui s'en vont chancelant, jurant, chantant, disant des sottises aux passans, et insultant les femmes par des attouchemens licencieux. Au reste, l'une des principales causes des vices et de l'ignorance des prêtres russes est à chercher dans la religion grecque même : elle leur défend de lire d'autres livres que leur bréviaire, de s'occuper d'aucun art, de se livrer à aucun travail, et de jouer d'aucun instrument de musique.

Ces prêtres chrétiens officient avec une indécence, qui rendroit très-ridicules des cérémonies qui le seroient beaucoup moins. Il en est qui jurent à l'autel, frappent les marguilliers, et leur commandent tout haut, d'un ton de grenadier, d'allumer tel cierge, d'approcher tel saint, ou de lire dans tel livre 4. Mais c'est surtout dans les grandes solemnités, telles que la bénédiction des eaux ou la procession au couvent d'Alexandre Newsky, qu'il est très-plaisant de voir le clergé marcher *in pontificalibus*. Tous ces popes, en longues barbes et en habits de lévites, ressemblent aux compagnons du vieux Silène, bien plus qu'aux disciples de Jésus.

.. Plusieurs seigneurs ont des chapelains particuliers pour dire la messe dans leurs maisons; mais il vivent ordinairement avec la valetaille, et ne sont point admis à la table du maître: cependant ces prêtres sont de condition libre [5].

Le haut clergé est plus respectable, et du moins plus respecté. Rien n'est plus pompeux qu'une messe solemnelle célébrée par un archevêque, qui se fait habiller au milieu du temple par son clergé, comme jadis le grand sacrificateur [6]. *Platon* et *Gabriel*, archevêques de Moscou et de Pétersbourg, sont des hommes vénérables par leur caractère et par leur conduite, surtout par les soins qu'ils se sont donnés pour réformer les moeurs de leurs confrères. Mr. *Samboursky*, chapelain des grands-ducs, est un homme fait pour honorer son état et sa nation. Il est le seul prêtre russe qui aille sans barbe: il en obtint difficilement la permission, étant à Londres, et eut le courage de continuer à se raser après son retour. Mais, s'il

a laissé sa barbe en Angleterre, il en a
rapporté des connoissances et des goûts
utiles à son pays. Il s'applique à faire fleu-
rir l'agriculture aux environs de Tzarskoé-
Célo, où il a défriché des déserts et des-
séché des marais, pour en faire des champs
fertiles ou des jardins anglais [7]. C'est ainsi
qu'il se venge du mépris de ses confrères les plus bigots, qui le regardent comme un hérétique. Il a obtenu une autre
exemption non moins extraordinaire. Sa
femme étant morte, il eut la permission
de continuer, comme veuf, ses fonctions
de curé; ce qui est contre la hiérarchie
grecque. Il faut être marié, pour être
curé: mais comme un prêtre ne peut
se marier qu'une fois, s'il perd sa femme,
il doit s'enfermer dans un couvent. Les
femmes de popes sont par cette raison les
plus choyées et les plus heureuses des
femmes.

L'ignorance et l'ivrognerie, qui carac-
térisent le clergé russe, sont peut-être,
comme je l'ai noté, les causes principales

de l'heureuse exception qu'offre leur église dans les annales du christianisme. Leurs disputes et leur faux zèle n'ont pas, comme ailleurs, occasionné des guerres, des massacres et des persécutions. Si l'on excepte les violences de Pierre I pour réformer les barbes et les habits longs, et celles de *Nicon* pour établir sa nouvelle liturgie, l'histoire russe ne présente aucune de ces saintes fureurs qui ont ensanglanté la terre. Cet archevêque Nicon avoit raison de vouloir simplifier et purifier le culte; mais il eut tort d'engager le tzar Alexis à employer la violence. On coupoit la main à ceux qui ne vouloient pas faire le signe de la croix avec trois doigts: il en résulta un schisme. Ces schismatiques ne veulent reconnoître ni les livres saints traduits par Nicon ni ses nouvelles litanies: encore aujourd'hui, ils aimeroient mieux se laisser couper la main que de ne pas faire le signe de la croix avec deux doigts, pour attester que le Saint-Esprit ne procède que du père. On les nomme *Raskolnikis*[8]:

eux-

eux-mêmes se nomment *Staroï-vertsi* (vieux croyans). Le culte public leur étoit défendu ; mais ils tenoient des assemblées, et, sous le prince Potemkin, ils obtinrent la permission de se bâtir plusieurs églises. Son plan étoit de s'étayer un jour de cette secte puissante et fanatique. De riches marchands et de grands seigneurs y sont attachés, et elle est très-répandue parmi les paysans. Du reste, on ne persécute plus les *Raskolnikis*, et les Russes en général montrent la plus grande insouciance concernant la foi des autres.

Le peuple observe avec la plus scrupuleuse exactitude les quatre grands carêmes qui lui sont prescrits: il pousse alors la superstition jusqu'à s'abstenir de sa femme et de sa tabatière. Le Russe bigot ne se reprochera pas autant un vol ou un meurtre, dont le prêtre l'absoudra facilement, que d'avoir mangé un oeuf, de la viande ou du laitage, pendant le carême. De l'huile de chanvre, du poisson, des herbes, des racines et des

champignons, sont alors sa seule nourri-
ture, et, après six semaines d'une pareille
abstinence, il est exténué. Les riches ont
des tables somptueuses, des poissons, des
fruits exquis : quelques-uns même servent gras en faveur des étrangers ou des
malades ; mais j'ai vu un dévot ne pas
vouloir manger sa soupe au poisson, parce
qu'elle lui étoit servie avec une cuillère qui
avoit touché au bouillon gras. Ces jeûnes
rigoureux ont fait dire à quelqu'un que les
Russes ne savoient prendre le ciel que par
famine.

Chaque Russe, outre une amulette bénite qu'il porte au cou, qu'il a reçue à son
baptême, et qu'il ne quitte plus, garde
ordinairement dans sa poche une empreinte
de cuivre qui représente Saint-Nicolas,
ou tout autre saint son patron. Il la porte
partout avec lui, aussi dévotement que le
pieux Énée ses dieux pénates : c'est souvent
l'unique meuble qu'un paysan, ou un soldat en voyage, ait sur lui. Rien n'est plus
singulier que de voir quelquefois ce soldat,

ou ce paysan, tirer son petit dieu de sa
poche, cracher dessus et le frotter avec la
main pour le laver, puis le placer vis-à-vis
de lui, et se prosterner tout à coup en
faisant mille signes de croix, en poussant
mille soupirs et récitant ses quarante ? *Gos-
podi, pomiloï!* (Dieu, aie pitié de moi!).
Sa prière faite, il ferme sa boîte et remet
son dieu dans sa poche. Les Egyptiens
avoient leurs dieux dans leurs jardins, ou
dans leurs écuries; les Africains le portent
au bras, et les Russes souvent dans leurs
culottes.

Un noble russe y met un peu plus de
façons. Son dieu le suit aussi dans ses voyages; mais il est habillé d'or ou d'argent:
arrivé à une station, la première affaire du
domestique est de le tirer de sa caisse, et
de le placer dans la chambre de son maître,
qui l'honore aussitôt de ses prosternemens.
J'ai connu une princesse russe, dont le
dieu pénate étoit un grand crucifix d'argent,
qui la suivoit toujours dans une voiture à
part, et qu'elle plaçoit ordinairement dans

sa chambre à coucher. Lorsque, dans la journée, il lui étoit arrivé quelque chose d'heureux, et qu'elle étoit contente de ses amans, elle faisoit allumer des bougies autour du christ, et lui disoit en langage familier: *Eh bien! vois-tu, puisque tu as été bon aujourd'hui, tu seras bien traité; tu auras des bougies, toute la nuit; je t'aimerai, je te prierai; tu seras mon petit bon dieu mignon.* Si, au contraire, il arrivoit à cette femme quelque chose de fâcheux, elle faisoit éteindre les cierges, défendoit à ses domestiques de rendre aucun hommage au pauvre crucifix, et l'accabloit de reproches et d'impertinences.

Catherine même affectoit une grande dévotion pour les images. On la voyoit souvent dans sa chapelle se prosterner sur le parvis, ramasser la poussière et en souiller la couronne de diamans qu'elle portoit sur la tête. On lui vola une fois une vierge entourée de brillans, dont l'impératrice Elizabeth lui avoit fait présent *à sa confirmation*, et qu'elle avoit déposée dans cette

chapelle. Elle mit toute la police en mouvement pour découvrir l'auteur de ce vol
hardi ; mais ce fut en vain. Ah ! disoit
Catherine, ce ne sont pas les brillans, c'est
la sainte image que je regrette ! je donne-
rois le double de sa valeur pour la retrouver. Ses voeux furent exaucés : après bien
des recherches et des emprisonnemens, on
trouva, au bout de quelques jours, la
vierge nue et dépouillée de sa riche garni-
ture, gisante dans la neige auprès de l'ami-
rauté. Catherine, enchantée, récompensa
celui qui la lui rapporta, la fit rhabiller
plus richement et replacer en grande cérémonie sur son autel.

Les filles de joie russes sont aussi très-
dévotes aux saints. Quand elles ont des
visites, et qu'elles veulent se livrer à leurs
plaisirs, elles commencent toujours par ra-
baisser le voile et éteindre les bougies de
leurs images : c'est le signal du sacrifice
qu'elles vont offrir à Vénus.

Je ne ferai point le détail de toutes les
superstitions, qu'une telle religion doit

nécessairement inspirer à un peuple esclave et ignorant. Le tzar actuel met aujourd'hui sa politique grossière à épaissir le nuage d'erreurs et de sottise, que le génie de Pierre, l'humanité d'Elizabeth et la philosophie de Catherine, vouloient un peu éclaircir. Tel un crapaud trouble encore le limon de son bourbier, pour mieux s'y cacher [16]. En plaignant l'avilissement où croupit un grand peuple, il faut rendre justice aux Russes éclairés qui en gémissent. Mais ils sont enchaînés par les préjugés, comme le géant *Gulliver* par les *Liliputiens*: ses liens étoient foibles et imperceptibles, comme ses ennemis; mais chacun de ses cheveux étoit séparément attaché à la terre; il ne pouvoit soulever la tête.

NOTES

DU HUITIÈME CAHIER.

1.

Un officier étranger s'étoit choisi un domestique parmi des soldats, et le ramenoit chez lui. En passant vis-à-vis d'une église, le soldat s'arrête, se prosterne et se signe. Ah! dit l'officier, tu es un coquin; je ne veux pas de toi: ton prédécesseur en faisoit autant, et il m'a volé. Il ramène le dévot, et changea son choix, jusqu'à ce qu'il trouva un homme qui passa devant l'église sans s'arrêter. Il le garda, et le trouva honnête.

2.

Cinq de ces fêtes étoient consacrées exclusivement à Catherine: 1°. sa naissance, le 21 avril, v. s. 2°. son avénement, le 28 juin; 3°. son couronnement, le 22

septembre; 4°. son inoculation de la petite vérole,
le 21 novembre; et 5°. son jour de nom, le 24.
Chacun de ses généraux s'efforçoit de lui envoyer,
pour ces jours solemnels, *un bouquet de sang*, je
veux dire, la nouvelle d'un massacre : c'étoit l'hommage qu'elle préféroit. Les ennemis des Russes
avoient surtout à se tenir sur leurs gardes, les jours
qui précédoient ces fêtes; car ils étoient attaqués.

3.

A certains jours de l'année, les popes font une
tournée dans leurs paroisses, pour demander, de cabane en cabane, des oeufs, du beurre, du lin, des
poules, etc. On les voit revenir, couchés ivres morts
dans une charrette parmi ces provisions, ou chantant
du haut de cette chaire ambulante.

4.

Un général russe faisant baptiser, dans son antichambre, l'enfant de l'un de ses domestiques, y conduisit la compagnie qu'il avoit à dîner, pour jouir
du spectacle. Le prêtre ayant officié avec une aisance
et une dignité qu'on n'attendoit pas, le général l'ap-
plaudit en battant des mains et en criant : Bravo!
bravo! Au reste, ces baptêmes russes par immersion

sont toujours de la plus grande indécence, lorsque l'on baptise un Turc ou un Kalmouk de vingt-cinq ans, qui se dépouille tout nu, et que le prêtre plonge dans la cuve en présence de ses marraines, comme l'Ingénu en présence de Mlle. de St. Yves. Les mariages ont aussi plusieurs cérémonies ridicules. J'ai vu une dame, mariant sa femme de chambre dans sa chapelle, y gronder vertement le chapelain de ne savoir pas ces cérémonies, les diriger et les prescrire elle-même. Cette femme de chambre étoit Anglaise, et un ministre de sa nation lui servoit de père. Son air grave contrastoit singulièrement avec les singeries du pope officiant, et il prouvoit bien que ce n'est pas toujours la barbe qui donne un air respectable.

5.

Pendant la guerre avec la Suède, comme on avoit besoin urgent d'hommes, on enleva pourtant plusieurs milliers de fils de prêtres, dont on forma quelques bataillons d'artillerie : plusieurs avoient déjà commencé leurs fonctions sacerdotales. Ils furent arrachés, comme des esclaves, à leurs autels et à leurs femmes, pour venir apprendre à manoeuvrer le canon dans le camp du général Mélissino.

6.

D'Artois, pendant son séjour à Pétersbourg, étoit justement à une pareille cérémonie, lorsque Catherine lui envoya un officier avec la nouvelle que Dumouriez avoit été défait à Nerwinde. Les Russes s'imaginèrent que c'étoit sa dévotion à leur saint Alexandre qui lui procuroit un si heureux message, et le prince voulut faire un compliment à l'archevêque, qui lui répondit assez impoliment : Je n'ai prié que pour les vrais croyans. On sera peut-être étonné d'apprendre que *Catherine*, qui se moquoit tant avec *Frédéric* et *Voltaire* de l'épée bénite qu'avoit envoyée le pape au général autrichien *Daun*, en ait fait elle-même bénir une par le métropolitain de St. Alexandre Newsky, pour en faire présent à Mr. d'Artois. Cette épée étoit d'or, garnie de brillans, avec ces mots sur la garde : *Dieu et le Roi;* elle n'a pas été plus miraculeuse que celle de Daun.

7.

Ceux du grand-duc Alexandre, dont il fut l'ordonnateur et souvent l'exécuteur, furent construits d'après une idée très-ingénieuse. Catherine avoit fait pour ses petits-fils un conte, intitulé : *le Tzaréwitsch Chlore.* Ce petit Chlore entreprend un voyage, pour arriver sur une montagne où fleurit la rose sans épines, et la cueille après mille dangers et mille fatigues. Mr. *Samboursky* a représenté dans la nature même les scènes et les aventures de ce conte. Le centre du jardin est une montagne sur laquelle s'élève le temple de la rose sans épines, et le chemin qui y conduit offre toutes les allégories instructives que Catherine avoit inventées pour les jeunes princes. Un fils adoptif du digne Samboursky a fait un poëme descriptif de ces jardins, que j'ai traduit en français.

8.

Schismatiques.

9.

Le nombre quarante a quelque chose de sacré parmi la prêtraille russe.

10.

On sera peut-être étonné de voir comment en Russie on fait encore des saints. Voici un article édifiant de la gazette impériale de Pétersbourg, qui l'apprendra. Je le traduis.

Pétersbourg, 7 décembre 1798.

„ En 1795, on trouva dans l'éparchie de *Wolog-da*, au couvent de *Soumorin* dans la ville de *Trotma*, un cercueil où étoit un cadavre en habit de moine : il y avoit été enterré en 1568, et se montroit parfaitement conservé, ainsi que ses habits. Aux lettres brodées sur les vêtemens, on reconnut ce cadavre pour être le corps du TRÈS-VÉNÉRABLE FEODOSE SOUMORIN, fondateur et supérieur du couvent, et qui fut déjà, durant sa vie, *reconnu pour saint par les miracles qu'il faisoit.* ”

Le *très-saint* dirigeant synode fit à cette occasion un *très-humble* rapport à S. M. I. Après quoi s'ensuivit ce sublime oukas de Paul.

„ Nous Paul, etc. etc. Ayant été assuré, par un rapport spécial du très-saint synode, de la découverte qui a été faite, dans le couvent de *Spasso-Soumorin*, des *ossemens miraculeux du* TRÈS-VÉNÉRABLE FÉO-DOSE ; lesquels ossemens miraculeux se distinguent par l'heureuse guérison de tous ceux qui y ont recours avec une entière confiance, *Nous prenons la décou-verte de ces saints ossemens, comme un signe visible que le Seigneur jette sur notre règne les regards les plus distingués et les plus gracieux.* C'est pourquoi nous élevons notre fervente prière et notre gratitude au dispensateur suprême, et chargeons notre très-saint synode d'annoncer dans tout notre empire cette découverte remarquable, selon les usages prescrits

par la sainte église et par les saints pères. etc. etc.
Le 28 septembre 1798. "

Tout ce que je pourrois ajouter à un pareil fait
ne pourroit qu'affoiblir le ridicule et l'indignation.
Au reste, Paul a enrichi le calendrier russe de quelques jours de fêtes de plus que celles dont j'ai parlé ;
entre autres, de celle de ce saint déterré, et de celle
de la *Madonne de Kasan*, qu'il a ordonné de chomer.
De plus, chaque enfant qui lui naît amène deux
fêtes nouvelles, celle de la naissance et celle du nom :
Paul a déjà neuf enfans.

GYNÉCOCRATIE.

NEUVIÈME

GYNÉCOCRATIE.

De son influence sur les femmes en Russie.
Leur caractère, leur immodestie, leur
cruauté, leurs mœurs, leurs bains, leurs
talens, leurs charmes. La Princesse
Daschkow.

LA Russie offre un exemple unique dans
l'histoire. Le même siècle a vu cinq ou
six femmes régner despotiquement sur un
empire, où les femmes étoient auparavant
esclaves d'hommes esclaves ; où Pierre I fut
obligé d'employer la violence [a] pour les tirer de cet avilissement barbare, et leur
donner une place dans la société ; où, même encore aujourd'hui, le code de la servitude ne leur accorde pas une ame [3] et ne
les compte point parmi les créatures humaines. Le règne de ces femmes offre un

exemple bien militant en faveur des peuples qui n'ont jamais laissé tomber leur couronne en quenouille; car il est difficile de citer six règnes plus féconds en guerres, en révolutions, en crimes, en désordres, en calamités de toute espèce. A la cour, les moeurs se sont adoucies, j'en conviens; mais elles se sont corrompues, et la misère a augmenté, en raison du luxe et de la désorganisation. Les abus de tout genre, la tyrannie et la licence, sont devenus l'essence même du gouvernement.

Le vieil adage, *quand les femmes régnent les hommes gouvernent*, est faux ou insignifiant. Quand les femmes régnent, leurs amans tyrannisent, et chacun pille. Mais, sans m'arrêter ici aux effets politiques de la *gynécocratie*, qui pourroit bien être le comble de l'avilissement ou de l'extravagance humaine [4], je remarquerai seulement l'influence qu'elle a eue sur la société et sur les femmes en Russie.

L'existence des Amazones ne me paroît plus une fable, depuis que j'ai vu les femmes russes. Encore quelques impératrices autocratrices, et l'on eût vu peut-être cette nation de femmes guerrières se reproduire aux mêmes lieux et sous le même climat, où elles existèrent autrefois[1]. On remarque encore chez les peuples slaves beaucoup d'énergie dans les femmes, et leur histoire en fournit plusieurs preuves. Cette activité féminine, que l'amour, la tendresse et les soins domestiques absorbent dans les autres pays, les femmes l'emploient dans le Nord, où elles naissent plus froides et plus robustes, à l'envie de dominer et aux intrigues politiques. Être aimées, c'est souvent pour elles un besoin physique: aimer en est rarement un pour leurs cœurs.

Sous le règne de Catherine, les femmes avoient déjà pris à la cour une prééminence, qu'elles rapportoient dans leurs maisons et dans les sociétés. La princesse Daschkow, cette *Tomiris parlant français*, comme disoit Voltaire, déjà masculinisée par ses goûts, ses allures et ses exploits, l'étoit encore davantage par ses titres et ses fonctions de *Directeur* de l'académie des sciences, et de *Président* de l'académie russe. On sait qu'elle sollicita long-tems Catherine de la nommer colonel des gardes, emploi dont elle se fût sans doute mieux acquittée que la plupart de ceux qui l'exerçoient. Catherine se défioit trop de celle qui se vantoit tant de l'avoir placée sur le trône, pour lui confier un pareil emploi. Mais encore un règne féminin, et l'on auroit pu voir une fille général d'armée, et une femme ministre d'état.

Plusieurs généraux russes, qui ont du renom dans l'étranger, étoient à cette époque gouvernés par leurs femmes. Le comte V. Pouschkin, qui commandoit en Finlande, n'osoit faire un mouvement, qu'après avoir envoyé un courier à la sienne pour la consulter. Le comte Iwan Soltykow étoit inférieur à sa femme, au moral comme au physique, et le ministre de la guerre trembloit devant sa furieuse moitié. Qu'on ne s'imagine pas que cette soumission, devenue presque générale, fût cette galante et chevaleresque déférence, qu'on a quelquefois pour les dames : celles, que je cite pour exemple, étoient vieilles, laides et méchantes. C'étoit, à la lettre, la soumission du foible devant le fort, la pusillanimité devant le courage, la sottise ou la folie. La supériorité naturelle se trouvoit ici le partage du sexe féminin. Le respect et la crainte, qu'inspiroit Catherine à ses courtisans, sembloient rejaillir sur tout son sexe.

Loin de la cour, on retrouvoit souvent les mêmes effets. Plusieurs femmes de colonels avoient les détails du régiment, donnoient les ordres aux officiers, les employoient à des services particuliers, les congédioient, et les créoient quelquefois. Madame Melhn, *colonelle* du régiment de Tobolsk, le commandoit avec une hauteur vraiment martiale, recevoit les rapports à sa toilette, et faisoit monter la garde à Narva, tandis que son mari bénévole s'occupoit ailleurs. A une surprise, que tentèrent les Suédois, on la vit sortir de sa tente en uniforme, se mettre à la tête d'un bataillon, et marcher à l'ennemi. Plusieurs autres femmes suivoient l'armée contre les Turcs. Le sérail de Potemkin étoit toujours composé de belles amazones, qui se plaisoient à visiter les champs de bataille et à examiner les vigoureuses nudités des Turcs étendus sur le dos, le cimeterre à la main, et l'air encore menaçant, comme l'Argant du Tasse le parut à la douce Herminie [6].

Dans les campagnes, on remarquoit encore davantage la masculinité des femmes. On leur remarquera sans doute un peu de ce caractère dans tous les pays, où les hommes sont esclaves : elles s'y trouvent souvent dans le cas, étant veuves ou filles majeures, de prendre le gouvernement de leurs terres, dont les habitans sont leur bien, leur propriété, comme un vil troupeau. Elles entrent alors dans des détails les moins convenables à leur sexe. Acheter, vendre, échanger des esclaves, leur distribuer leur tâche, les faire déshabiller

devant elles pour leur infliger les verges,
sont des choses qui répugneroient autant
à la sensibilité qu'à la pudeur d'une femme,
dans un pays où les hommes ne seroient
point ravalés au niveau des animaux domestiques, et traités avec la même indifférence [7] : mais ce sont des fonctions, dont
plusieurs femmes russes sont souvent obligées et même charmées de s'acquitter.

Cette habitude d'en agir ainsi avec les
hommes, et celle qu'ont encore les deux
sexes de se montrer nus et pêle-mêle, dans
les bains, émoussent de bonne heure dans
les femmes cette pudeur qui leur est naturelle, et j'en ai vu d'aussi aguerries à cet
égard que les hommes les moins modestes [8].

Il ne faut point attribuer au libertinage,
ni à une grossière volupté, cette espèce
d'effronterie de quelques femmes russes.
Elles vivent, dès leur enfance, dans la plus
grande privauté avec la foule de leurs esclaves : elles se font rendre mille services
particuliers, et même secrets, par des esclaves mâles, qu'elles regardent à peine

comme des hommes. Les moeurs domestiques leur fournissent, tous les jours, les
occasions de satisfaire et même de prévenir
leur curiosité sur tous les mystères de l'a-
mour, et d'émousser, à sa naissance, l'ir-
ritabilité nerveuse. Il faut être leur égal
pour les faire rougir : un esclave n'est pas
pour elles un être de la même espèce [9].

J'ai déjà remarqué combien la manière
dont on traite les hommes en Russie est
révoltante. Il faut que la sensibilité se soit
déjà émoussée, et que le coeur se soit déjà
ossifié par des spectacles cruels, pour pouvoir soutenir un instant, sans horreur et
sans indignation, celui des punitions que
l'on inflige quelquefois aux esclaves. Mais
il faut convenir que l'on est plus révolté
encore de voir les femmes y assister et même y présider, et quelquefois infliger elles-
mêmes ces punitions. Je me suis trouvé à
des tables, où, pour quelques légères fautes d'un laquais, le maître ordonnoit froidement, et comme une chose toute simple,
de lui délivrer cent coups de *bagottes*. On

le mène sur-le-champ dans la cour, ou seulement dans une antichambre, et tout cela se fait en présence des femmes et des jeunes filles, qui, en mangeant et riant, entendent les cris du malheureux fustigé [19].

Je ne suis pas le premier qui ait remarqué qu'en Russie les femmes sont en général plus méchantes, plus cruelles, plus barbares que les hommes : c'est qu'elles sont encore beaucoup plus ignorantes, plus superstitieuses. Elles ne voyagent guères, s'instruisent peu, ne travaillent point. Toujours entourées d'esclaves pour satisfaire ou prévenir leurs désirs, les dames russes passent leur tems, couchées sur un canapé, ou à une table de jeu. On les voit rarement lire, plus rarement encore s'occuper de petits ouvrages de main ou des soins de leur ménage ; et celles, qu'une éducation étrangère et soignée n'a point humanisées, sont réellement encore barbares. C'est parmi elles que vous retrouverez cette Romaine, dont parle Juvénal, laquelle, envoyant un esclave au supplice, répondit à

celui qui la conjuroit d'épargner un homme : *O demens , ita servus homo est !* et
cette autre qui montre ses bijoux et ses
colifichets à ses amies, tandis qu'on entend
les cris d'un esclave : *Ce n'est rien*, dit-elle
à ses compagnes effrayées, *c'est un homme
que je fais fustiger.*

S'il y avoit de telles femmes à Rome,
que doit-on attendre de Pétersbourg ou de
Moscou ? Aussi vais-je citer des traits horribles. Je préviens pourtant que ce sont
des excès, des monstres, que je cite : mais
il est bon d'apprendre jusqu'où peut aller
quelquefois la férocité d'une femme, lorsque le gouvernement, la religion, les lois
et les usages du pays, semblent l'autoriser.
Faut-il s'étonner si l'esclavage et la tyrannie
pervertissent les hommes, lorsqu'ils trans-
forment en bêtes furieuses le sexe le plus
sensible et le plus doux !

Une princesse K.....ky retrace l'idée
de tous les crimes, de tous les emporte-
mens et de toutes les turpitudes. On l'a
vue faire dépouiller des hommes, les faire

battre de verges en sa présence, compter
froidement les coups, et exciter l'exécuteur
à les appesantir. On l'a vue, dans les accès de son ivresse ou de sa brutalité, faire
attacher par ses femmes esclaves un homme esclave nu à un poteau, le faire, en
cet état, mordre par ses chiens, ou fustiger par ces mêmes femmes. On l'a vue
leur arracher les verges, et le frapper elle-
même sur les parties .... les plus sensibles,
ou enfin prendre une bougie allumée, et
lui brûler le poil .... mêlant ainsi les jouis-
sances monstrueuses d'une cruauté atroce
à celles d'une horrible lubricité .... La plume tombe .... la honte et l'indignation font
monter le sang .... Je ne puis pousser plus
loin ces détails.

Les supplices, qu'elle faisoit subir à ses
femmes, portoient le même caractère, et
c'étoit alors des hommes qu'elle choisissoit
pour bourreaux. Après les avoir fait fouet-
ter à nu, souvent pour assouvir sa fureur
et sa vengeance, elle leur faisoit poser leurs
mamelles pantelantes sur le marbre froid

d'une table, et fustigeoit elle-même les parties délicates.   J'ai vu une de ces malheu-
reuses, à qui elle avoit souvent infligé ce
châtiment, et qu'elle avoit de plus estro-
piée.   Lui mettant ses doigts dans la bouche, elle lui avoit déchiré les lèvres jusqu'aux oreilles.   J'ai vu, dis-je, cette pauvre fille, ainsi déchirée, traîner ses jours
déplorables dans une écurie, où elle étoit
nourrie et cachée par la charité des autres
domestiques.   Son crime étoit d'être soup-
çonnée par sa Messaline de lui avoir enlevé
les faveurs de l'un de ses méprisables favoris.   De pareilles indignités, qu'elle avoit
déjà commises à Moscou, forcèrent le frère
de cette Tisiphone de l'envoyer à Pétersbourg, pour la soustraire à la vengeance
du peuple.   Elle continua à mener une vie
infernale, à l'ombre d'un parent puissant
qu'elle avoit à la cour : mais ce parent fut
enfin obligé de lui défendre de prendre ses
propres esclaves pour domestiques; elle
dut louer des gens libres, qui ne restoient
qu'un jour auprès d'elle.   A la fin, elle

n'avoit plus que des soldats, qu'on lui envoyoit par corvée, pour la servir et assouvir sa fureur dans tous les genres.

J'ai donné à ce monstre son titre de princesse, n'osant lui donner celui de femme. Il est âgé de quarante ans ; il est d'une taille et d'une épaisseur immenses. Il ressemble à l'un de ces Sphinx, que l'on voit parmi les monumens gigantesques des Égyptiens. Il vit encore, et j'en donnerai l'adresse à ceux qui voudront le voir.

J'ai connu une autre dame de la cour, qui avoit dans sa chambre à coucher une espèce de cage obscure, où elle tenoit enfermé un esclave, son perruquier. Elle le tiroit de là elle-même, tous les jours, comme l'on tire son peigne de son étui, pour se faire accommoder, et le renfermoit aussitôt, le plus souvent après l'avoir souffleté pendant sa toilette. Le malheureux avoit un morceau de pain, une cruche d'eau, un petit banc et un pot de chambre, dans sa boîte. Il ne voyoit le jour, que pendant le tems qu'il arrangeoit une perruque

sur la tête chauve de sa vieille geôlière.
C'étoit au chevet de son lit qu'elle avoit
cette prison portative, dont elle se faisoit
suivre à la campagne. Et son mari souffroit
cette horreur! Comment n'étoit-il pas trou-
blé dans son sommeil par les soupirs que
poussoit le misérable assis à ses côtés entre
quatre planches. Il passa trois ans consécutifs dans la même *géhenne*; et, lorsqu'il
reparut, il étoit horrible et pâle, courbé
et rabougri comme un vieillard. Le prin-
cipal motif d'une aussi étrange barbarie étoit
que cette sempiternelle prétendoit cacher à
tout le monde qu'elle portoit perruque, et,
pour cela, elle séquestroit un homme de
dix-huit ans de la société humaine pour ra-
petasser en secret ses charmes délabrés.
Les mauvais traitemens et les jeûnes, qu'elle
lui faisoit outre cela endurer, étoient pour
le punir d'avoir voulu s'échapper, et de ce
que, malgré tout l'art et les soins du malheureux, elle devenoit tous les jours plus
vieille et plus détestable.

Au reste, je le répète, je ne cite point

ces infamies, aussi incroyables qu'elles sont
vraies, comme des traits caractéristiques et
généraux, que l'on doive reprocher aux dames russes: ce sont les crimes de deux femmes; mais ces crimes n'auroient pu se commettre ailleurs qu'en Russie. Les parens,
les familiers, les connoissances des furies
qui les commettoient, ne les eussent point
ailleurs envisagés comme des singularités de
l'humeur de ces dames. Les parens du
jeune homme eussent eu le droit de se plain-
dre, et de réclamer non-seulement la justice, mais l'indignation et la vengeance [11].

Ce n'est pas seulement à la cour, et
dans leurs ménages, que les dames avoient
pris de l'ascendant sur les hommes. On ne
voit nulle part tant de femmes s'arroger
la primauté, et jouer le rôle actif en amour.
Catherine étoit bien propre, par son exemple, à leur donner ces moeurs et ce goût
masculins et dévergondés. Sans être aussi
impudente qu'une Messaline, elle réalisoit
de nos jours, et à la face de sa cour et de
son empire, ce que des relations fabuleuses

rapportent de la reine *d'Achem*. Changeant souvent de favoris, et son ardeur, aussi bien que son rang, la mettant toujours dans le cas de faire les avances, les femmes de sa cour se formèrent sur son exemple, et plusieurs surpassèrent le modèle. Qui n'a pas connu les fureurs amoureuses d'une *Maria Pawlowna* ? Quel jeune officier, un peu appétissant, n'a pas été violé par madame S.....w ? Toute la Russie même n'a-t-elle pas été scandalisée des amours de madame P....n ? On avoit vu auparavant mesdames B.....n, K...n, G...n [12], et tant d'autres, faire, à l'envi de leur souveraine, un vrai b.. du palais des tzars. A la fin de sa vie, Catherine s'étoit si bien masculinisée, qu'il lui falloit des femmes : ses ébats avec les tribades *Daschkow*, *Protasow* et *Branitska*, n'étoient ignorés de personne, et le dernier favori ne servoit plus guères qu'à tenir les flambeaux.

Presque toutes les femmes de la cour, à l'instar de leur *auguste souveraine*, tenoient des hommes en titre et en fonction

de

de favoris; je ne dis pas d'amans, car cela mêleroit du sentiment à la chose. Il n'y avoit qu'un besoin physique grossier, et souvent rien autre chose que l'envie de suivre la mode. Ce goût étoit devenu comme celui du boire et du manger, ou du bal et de la musique. Point de tendres intrigues, moins encore de fortes passions [13]. L'ambition et la débauche avoient banni l'amour. Le mariage n'étoit qu'une association, qui ne supposoit que la convenance: heureux si l'amitié venoit quelquefois, sans y être priée, adoucir des chaînes, que l'intérêt des parens, ou la vanité seule, avoit formées.

Ce qui achève de prouver la dépravation, l'abrutissement, la confusion des moeurs et des goûts sous le règne de Catherine, c'est la découverte que l'on fit, il y a quelques années à Moscou, d'une association, connue sous le nom de Club physique. C'étoit une espèce d'ordre, surpassant en turpitude tout ce que l'on a raconté des institutions et des mystères les plus

impudiques. Les hommes et les femmes
initiés se rassembloient, à certains jours,
pour se livrer pêle-mêle aux débauches
les plus infâmes. Des maris y faisoient
admettre leurs femmes; des frères, leurs
soeurs. Ce qu'on exigeoit dans les hommes, étoit de la vigueur et de la santé;
dans les femmes, de la beauté ou de la jeunesse. Les récipiendaires n'étoient initiés,
qu'après avoir donné leurs preuves et subi
des visites. Les hommes recevoient les
femmes, et les femmes les hommes. Après
un repas splendide, le sort décidoit des ac-
couplemens. A la révolution française, la
police eut ordre de fureter et de dissoudre
chaque espèce d'ordres ou de rassemble-
mens; et ce fut alors que l'on examina le
club physique, dont les membres furent
obligés d'en révéler les mystères. Comme
ces membres de l'un et l'autre sexe appar-
tenoient aux plus riches et aux plus puissantes familles, et qu'il n'étoit pas question
de politique dans leurs assemblées, on se
contenta de fermer et d'interdire cette loge
scandaleuse.

On a beaucoup de relations sur les bains
russes: mais comme ils ont une grande influence sur le caractère et sur les moeurs
des femmes du peuple particulièrement, il
ne sera pas hors de propos d'en parler ici
sous ce rapport. A mon arrivée en Russie,
l'une de mes premières recherches fut de
réaliser l'idée que m'en avoient donnée
les voyageurs, et que je croyois fausse.
Jeune, et venant d'un pays où les moeurs
sont de la plus sévère décence, je me pro-
mettois de contempler à mon aise des tré-
sors, que jamais mon oeil n'avoit entrevus
que furtivement. Je me retraçois les bains
voluptueux de Diane, et, nouvel Actéon,
je ne méditois rien moins que d'aller sur-
prendre des nymphes. Un jour donc, je
descendis avec un ami les bords de la
Néwka, pour m'approcher d'un bain public;
mais je ne fus pas obligé d'aller bien loin
pour me convaincre que les belles Russes
étoient accoutumées à exposer leurs charmes aux yeux des passans. Une troupe de
femmes de tout âge, invitée par la chaleur

de juin, n'avoit pas jugé à propos d'aller jusques dans l'enceinte des bains. Elles s'étoient mises nues, nageoient et folâtroient vers les bords de la rivière. Ce spectacle, auquel je n'étois pas habitué, fit sur moi la plus vive impression : je m'arrêtai et m'appuyai sur le quai, sans que ma présence ni ma proximité troublassent en rien les jeux des baigneuses [14].

J'ai été depuis, plusieurs fois, dans les bains, et j'ai revu les mêmes choses sur la rive des isles de la Néva. Mais après le tableau que je viens de tracer, de plus amples détails seroient trop licentieux. Il existe, à la vérité, un *oukas* de Catherine la chaste, qui enjoint dans les villes aux entrepreneurs de bains publics de construire des bains séparés pour les deux sexes, et de ne laisser entrer dans ceux des femmes que les hommes nécessaires pour le service, et les peintres et les médecins qui viendroient y étudier leur art. Ainsi un amateur prend l'un de ces titres pour être introduit. Les deux sexes ont donc maintenant à Pétersbourg leurs étuves et leurs enceintes séparées par une cloison : mais plusieurs vieilles femmes aiment toujours mieux se mêler aux hommes ; et d'ailleurs, après avoir pris le bain chaud, hommes et femmes sortent tout nuds, pour courir ensemble se plonger dans la rivière qui passe derrière les bains. Les femmes les plus pudiques tiennent alors devant elles la branche de bouleau, dont elles se sont servies pour se flageller dans l'étuve. Lorsqu'un homme veut prendre un bain séparément, c'est souvent une femme qui le lave, le savonne et le flagelle : elle s'acquitte de ces soins avec tout le détail et l'indifférence possibles. Dans les campagnes, les bains sont encore sur l'ancien pied, c'est-à-dire que tous les sexes et les âges les prennent ensemble, et qu'une famille composée d'un père de quarante ans, d'une mère de trente-cinq, d'un fils de vingt, et d'une fille de quinze, s'y montrent les uns aux autres dans l'état d'innocence et se flagellent mutuellement.

Ces usages qui nous paroissent si

choquans, et qui le sont toujours chez un
peuple qui s'habille et qui n'est plus sauvage, ne sont pas un effet de la corruption
et ne supposent pas le libertinage. Ce ne
sont même pas ces bains, d'ailleurs si salu-
taires au peuple russe, qui le portent aux
débauches. Au contraire, l'habitude de
voir sans cesse et de bonne heure des
nudités sans voiles, émousseroit les sens
et réfroidiroit l'imagination, si on lui laissoit le tems de s'enflammer par la curiosité
contrainte. Jamais un jeune Russe ne sen-
tira palpiter son coeur et bouillonner son
sang, à l'idée d'un sein naissant. Il n'a
point à soupirer après l'aspect de quelques
charmes secrets, qu'il ose à peine deviner;
car il a, dès l'enfance, tout vu, tout exa-
miné. La jeune fille russe ne rougira jamais
involontairement d'une curiosité ou d'une
pensée indiscrète, et son époux n'aura rien
de nouveau ni à lui montrer ni à lui apprendre. L'amour n'a donc plus ces alentours piquans et délicats, qui font ses vrais
charmes, ni ces préludes du plaisir plus

doux que le plaisir même. Si les sentimens exquis ne viennent plus ennoblir la plus heureuse des passions de l'homme, elle ne sera plus qu'un besoin momentané, trop facile à contenter pour y mettre du prix.

Ce n'est donc point en Russie qu'il faut chercher des Julies, amantes de St. Preux, et moins encore des Julies, épouses de Wolmar. Pour ce dernier, je ne sais quelle idée avoit Rousseau de lui donner une telle patrie. Le pays de l'esclavage n'est pas celui des belles passions : on auroit peine à y trouver l'étoffe d'un roman. Cependant le Russe est sensible, gai, chante et danse volontiers ; et le recueil des chansons populaires atteste qu'autrefois il fut inspiré par l'amour. On y trouve souvent une sensibilité exquise, et une mélancolie touchante qui vous charme et vous attendrit [15].

Après ce que j'ai dit des dames russes, je crains que l'on ne prenne une trop mauvaise idée des femmes de Russie, où il y en a tant d'aimables et de charmantes [16]. Presque toutes ont de l'esprit naturel et des graces; les yeux, les pieds et les mains, comme on les désire; une aisance dans les manières, un goût dans les ajustemens, et des agrémens dans la conversation, qu'on ne retrouve que chez les Françaises.

Ces dames russes, si spirituelles, si aimables, ont du goût pour les arts. Elles rient, à la représentation d'une bonne comédie, sentent fort bien un trait malin, comprennent parfaitement une équivoque, et applaudissent à un vers brillant: mais les traits de sentiment semblent perdus pour elles; je ne les ai jamais vu pleurer à une tragédie. Les mères, les filles, les amantes, voyoient d'un oeil sec *Mérope*, *Antigone* et *Zaïre*, au théâtre français de Pétersbourg, que *Floridor*, *Aufréne* et *la Hus*, illustroient encore.

On trouve rarement chez les femmes russes les vertus domestiques, et cet esprit d'ordre et d'économie si nécessaire à la médiocrité. Elles feront plutôt les charmes de la société que les affaires de leurs ménages, et sont plus propres à faire les plaisirs de plusieurs que le bonheur d'un seul. Mais tous ces agrémens que relève le luxe, tous ces talens enchanteurs qu'une heureuse aisance permet de cultiver, rehaussent ordinairement la beauté des jeunes Russes. Elles excellent surtout à bien parler les langues, et il en est plusieurs qui en possèdent trois ou quatre également bien [17].

Celles dont l'éducation a été soignée, que les moeurs de leurs familles, et les soins d'une sage gouvernante ou d'une mère respectable, ont formées aux graces sans les façonner aux vices; celles surtout, que la lecture, ou quelque voyage, a perfectionnées, méritent l'une des premières places parmi les femmes aimables de l'Europe, et rappellent ces dames illustres que la France a produites [18]. Mais ce sont des fleurs clair-semées, et qui ne s'épanouissent qu'en secret. La superstition, l'envie, la calomnie, s'acharnent sur elles; et si elles ne peuvent supporter la torture où les met la conversation des commères du pays, elles sont obligées de se composer un cercle de

femmes choisies et surtout d'étrangers [19] ;
ce qui redouble contre elles la haine et la
persécution.

Il ne sera pas hors de propos de finir
cet article sur les femmes russes par quelques particularités concernant la princesse
Daschkow, qui est, après Catherine, la
femme de Russie dont on a le plus parlé, et dont le portrait seroit le digne pendant de celui du prince Potemkin, si le
même maître avoit voulu le faire [20]. Je ne
démentirai ni ne répéterai ce qu'on a déjà
cent fois imprimé de cette *Virago*, véritable héroïne de la révolution de 1762, et
qui doit pour le moins en partager l'odieux
avec son illustre amie. Cette amitié s'étoit
singulièrement altérée depuis quelques
années, et voici le vrai sujet de la dernière
brouillerie, qui n'eut point de raccommo-
dement.

Dans l'espoir de gagner quelques roubles, elle fit, en 1794, imprimer, aux frais
de l'académie, une tragédie posthume de
Kniaigenin [21]. À toute autre époque, on

n'auroit pas fait attention à cette pièce,
d'ailleurs médiocre. Mais Catherine, depuis la révolution française et surtout depuis la mort de Potemkin, étoit devenue
craintive et soupçonneuse : environnée d'a-
mes foibles et timorées, la sienne s'étoit
rapetissée. On lui parla de cette tragédie,
comme d'un ouvrage séditieux. Elle fut dé-
fendue, tous les exemplaires saisis, et l'on
fit même des recherches domiciliaires pour
recueillir ceux qui avoient déjà été vendus.
Comme l'ouvrage avoit été imprimé par les
ordres exprès de madame *le président* [22]
Daschkow, elle fut mandée par l'impératrice.
« Mon Dieu, que vous ai-je fait, dit Catherine toute émue, pour avoir imprimé
un livre si infâme et si dangereux? Si c'est
un si grand crime de régner, n'est-ce pas
vous qui me l'avez fait commettre? » La
princesse, surprise de cette vive sortie,
s'excusa, en disant qu'elle n'avoit eu aucune mauvaise intention, et n'avoit pas même
lu cette pièce, s'en étant reposée sur le censeur. Sur quoi Catherine lui dit amèrement,

que, dans ces tems critiques, il ne falloit
se reposer sur personne et faire soi-même
son devoir. Mad. de Daschkow, mortifiée de
la réprimande, fit nommer son neveu, Ba-
kounin, vice-président pour la remplacer,
et demanda à se retirer à Moscou; ce qui
lui fut accordé. Le censeur fut puni, et
l'auteur dut se trouver très-heureux d'être
mort [23].

La princesse se rendoit, dès long-tems,
odieuse et méprisable par sa sordide avarice.
Cette célèbre conspiratrice, qui se glorifioit
d'avoir donné une couronne, envoyoit chez
tous les officiers, ou aides de camp, de sa
connoissance, demander de vieilles éguil-
lettes et de vieux galons: les effiler et les
revendre, étoit devenu sa principale occupation; et ceux, qui avoient intérêt à se la
rendre favorable, commençoient par lui
envoyer leurs vieilleries en or ou en argent.
Elle ne faisoit point chauffer en hiver les
salles de l'académie, et prétendoit pourtant
que les académiciens assistassent régulière-
ment aux séances. Plusieurs aimoient mieux

s'exposer à ses reproches grossiers, et perdre leurs jetons, que d'aller grelotter dans
une glacière: mais la princesse s'y trouvoit
toujours, enveloppée de riches fourrures,
et c'étoit un spectacle singulier de voir cette femme seule, assise au milieu des popes
barbus et des professeurs russes, tremblans
et soumis devant elle; car elle traitoit ses
académiciens avec une hauteur, et même
une brutalité digne de Pierre I. Elle prenoit les savans pour des soldats, et les
sciences pour des esclaves.

Son aventure avec le comte Grégoire
Rozoumowsky fit rire tout Pétersbourg,
et indigna tous les gens sensés. Elle lui
envoya le diplôme d'académicien, sans qu'il
l'eût demandé. Quelque tems après, elle
lui expédia un ballot, contenant pour 600
roubles de livres russes. Rozoumowsky
les refusa, disant qu'il avoit déjà dans sa
bibliothèque les originaux de ces traductions
russes [24]. La princesse répondit qu'elle ne
l'avoit créé académicien, qu'à condition
qu'il acheteroit ces livres, et Rozoumowsky

renvoya le diplôme. La princesse voulut le faire passer pour fou ; mais ce fut elle que tout le monde trouva ridicule. Elle prostitua ainsi son académie : quant à elle-même, ce n'étoit plus une chose à faire [25].

Ce qui acheva de la ridiculiser à la ville et à la cour, ce fut son procès avec Alexandre Narischkin, qui avoit une campagne voisine de la sienne. Les cochons de Narischkin allèrent un jour manger les choux de Mad. de Daschkow. L'héroïne les fit tous massacrer. Narischkin disoit, en la voyant à la cour : *Elle est sanglante encore du meurtre de* .... [26] *mes cochons.*

Telle fut cette femme célèbre, qui encouragea Catherine à faire étrangler son mari, qui se prit aux cheveux avec son hôtesse en Hollande, qui vouloit à Paris brûler la cervelle du pauvre abbé Chappe ; que Voltaire fit semblant d'admirer ; que les auteurs allemands, à qui elle ne donna rien, traitèrent vainement de divin génie, et dont toute la Russie finit par se moquer.

NOTES
DU NEUVIÈME CAHIER.

***

1.

Sophie, soeur de Pierre I, Catherine I, Anne I, Anne la régente, Elisabeth, et Catherine II.

2.

Avant Pierre I, les femmes ne paroissoient ni à la cour, ni dans les sociétés, ni même à la table de leurs maris. Pierre, par un oukas, ordonna à ces maris de produire leurs femmes, dont le commerce lui sembloit avec raison propre à civiliser la nation : mais il fut souvent obligé d'employer les officiers de police pour amener les dames au bal.

3.

En langue russe, on désigne, par le mot *ame*, les paysans esclaves. Au lieu de demander d'un homme combien il a de revenu, on demande *combien il a d'ames?* et un pareil homme en a quelquefois dix ou vingt mille, sans compter ni celles des femmes, ni la sienne, qui assurément mérite le moins d'entrer en compte.

4

Par quelle contradiction la charge d'impératrice et de reine, qui exige la vigueur du corps et celle de l'esprit, et des connoissances ou des talens en tout genre, a-t-elle si souvent été donnée à des femmes! Quoi! Catherine disposoit d'une armée de 500 mille hommes, et ne vouloit pas confier une compagnie à une autre femme! Elle dirigeoit la politique de l'Europe, y décidoit de la paix et de la guerre, et une femme n'y peut avoir le moindre emploi! Cela est bien inconséquent.

5.

Il est bien singulier qu'aux mêmes lieux, où l'on place cette association de femmes qui proscrivoit les
hommes,

hommes, on ait vu depuis l'association des Cosaques
Zaporogues, qui ne souffroient aucune femme parmi
eux; et qui ne se recrutoient que par l'enlèvement
des jeunes garçons des pays voisins. Cette république
barbare a été détruite par Potemkin, et ceux qui la
composoient dispersés dans les armées ou parmi les
autres Cosaques.

6.

Après l'assaut d'Otschakow, on entassa sur le
Liman, alors glacé, des piles de cadavres nus, qui
y restèrent jusqu'au dégel; et c'est autour de ces pyramides que les dames russes alloient se promener
en traîneaux, pour admirer les beaux corps musulmans roidis par le froid.

7.

J'ai appris d'une Française de Saint-Domingue,
que plusieurs dames créoles ne sont pas plus scrupu-
leuses que celles de Russie. Quelques-unes vont el-
les-mêmes sur le vaisseau négrier choisir et marchander des esclaves, qui leur sont exposés tout nus. On
nomme un jeune nègre de 25 ans, bien conformé,
un nègre toutes pièces.

Je vis un jour une dame russe marchander un

jeune étalon, aussi très-bien conformé, et qui étoit
d'une beauté et d'une douceur rares. Elle le visitoit
avec une complaisance singulière, lui caressant les
testicules qu'il avoit très apparens. Il est probable
que cette femme en usoit de même avec un jeune esclave qu'on lui amenoit de la campagne, pour en
faire son coureur ou son laquais.

8.

Me trouvant à la campagne, chez une dame, elle
voulut un jour se donner le plaisir de la pêche. Elle
envoya chercher des filets, et ordonna à quelques-uns
de ses domestiques de se déshabiller pour se jeter à
l'eau. Ils se mirent, devant leur maîtresse, nus
comme Adam avant sa chute devant Eve. Elle
leur donnoit des ordres, dirigeoit la pêche, et regardoit, d'un air de mépris vraiment comique, leurs
membres rapetissés par l'eau et le froid.

9.

Une dame russe étoit à la promenade avec une
Française, et suivie de deux grands laquais. Elle les
appelle, se fait prendre sous le bras, et s'éloigne un
peu du chemin. Là, derrière un buisson, elle se fait
relever ses jupons par ses deux pages, et se délivre,

tandis qu'ils la soutiennent, d'un besoin qui la pressoit. La Française ne put s'empêcher de lui témoigner sa surprise et son indignation de la voir s'acquitter d'une pareille fonction entre deux hommes. — Comment! répond la dame russe, ce sont mes esclaves; ils ont été élevés avec moi : je voudrois voir qu'ils eussent l'audace de penser que je porte autre chose qu'un jupon, et de croire que je suis femme pour eux et qu'ils sont hommes pour moi !

10.

La légèreté, avec laquelle on ordonne de fustiger un homme, produisit, il y a quelques années, un étrange quiproquo. Le comte *Bruce*, gouverneur général de Pétersbourg, avoit un cuisinier esclave, qui déserta. Il trouve à la cour le maître de police *Kléief*, et lui donne ses ordres pour que la police ait à faire les perquisitions nécessaires, afin de retrouver son cuisinier. Elles furent vaines. Sur ces entrefaites, arrive de Varsovie un cuisinier français, qui venoit chercher de l'emploi en Russie, et qui étoit adressé et recommandé à Kléief par un de ses amis de Pologne. Kléief, croyant placer cet homme, l'envoie de suite chez Bruce, dont il savoit la cuisine vacante par la désertion de son cuisinier, en disant au Français qu'il n'avoit qu'à s'annoncer de sa part. On annonce donc au comte Bruce un cuisinier, qu'envoie le maître de police. — Ah! dit-il, c'est mon drôle! qu'on lui donne sur-le-champ deux cents coups, et qu'on le remette à sa cuisine! Les *ordonnances* du gouverneur se saisissent aussitôt du Français, et le conduisent dans le manège. Là, malgré ses cris, ses protestations, on lui fait subir le supplice ordonné: qu'on juge de la surprise, de la terreur de cet homme. On le laisse demi mort. A peine peut-il se traîner chez le ministre, où il fait sa plainte. Bruce, instruit de l'erreur, appaisa l'affaire pour quelques cents roubles, qu'il donna au malheureux cuisinier français.

11.

Sous le règne d'Elizabeth, une ayeule de ces furies s'étoit déjà distinguée par de pareilles atrocités: ses parens furent obligés de l'enfermer.

12.

Cette princesse G.....n disoit, un jour, dans une société, qu'elle avoit acheté trois singes, une femelle et deux mâles. Lorsqu'il y en a deux d'accouplés, dit-elle, le troisième se suffit à lui-même. Assise sur mon sopha, je m'amuse beaucoup de cette scène singulière.

13.

Une jeune princesse *Schakowskoy*, mariée à un comte d'Aremberg, vient de fournir une exception bien tragique. A l'époque de la révolution du Brabant, où son mari avoit pris part, Catherine lui ordonna d'abandonner ce factieux et de revenir en Russie, sous peine de confiscation de tous ses biens. Elle revient, ramenée par sa vieille mère, et Catherine déclara nul son mariage. L'un de ses cousins l'enlève, et va l'épouser à Moscou, pour obtenir ensuite plus facilement des dispenses. Cependant il n'avoit pas le coeur de sa jeune femme, ou du moins ne le remplissoit pas. Elle aimoit un officier aux gardes, nommé *Kamasowsky*. La jalousie de son mari ayant éventé ses rendez-vous, et s'en étant plaint, la princesse s'empoisonna et mourut dans des convulsions horribles. Son mari, homme d'une sensibilité sombre, en perdit pour un tems la raison, et pour toujours le bonheur.

14.

La vue des appas naissans, que quelques-unes des plus jeunes exposoient ingénument, étoit presque acheté par les objets dégoûtans qu'étaloient impudemment les vieilles, dont la peau ridée formoit mille plis, qui n'étoient rien moins que la cachette des amours. L'une de ces vieilles, voyant à quelque distance des hommes de sa connoissance qui se baignoient aussi, alla les joindre à la nage, et commença avec un jeune drôle une lutte comparable à celle qu'eut Salmacis avec Hermaphrodite. Mais le jeune homme ne sachant pas nager, la vieille eut l'avantage : elle le saisit, d'une main, par la barbe, et, de l'autre, par ....., et le plongea dans l'eau, aux grands éclats de rire des deux troupes et des spectateurs. Cette scène se passoit près d'un rivage, où alloient et venoient des personnes de tout âge et de tout sexe ; et les jeunes demoiselles, habitantes des maisons voisines, pouvoient en jouir de leurs fenêtres.

15.

Si les circonstances-changent, et que je puisse recouvrer quelques liaisons littéraires en Russie, je ferai connoître un jour des morceaux en ce genre, qui ne le cèdent point à ce que la France a produit de plus délicat.

16.

Peut-être aussi que le malheureux hasard, qui m'a fait voir de près les plus méchantes et les plus méprisables, a mêlé, malgré moi, quelque fiel à

mes pinceaux. Et il faut convenir qu'autant les femmes affectent un air indécent, autant les filles paroissent réservées et modestes. Elles naissent susceptibles
des sentimens les plus profonds et les plus doux.
L'exemple et la corruption ne les dépravent qu'avec
peine.

17.

Une Livonienne, qui a reçu quelque éducation,
parle l'allemand, qui est sa langue naturelle; le russe, qui lui est indispensable; et le français, qui est
celle de la société: plusieurs y ajoutent l'italien, à
cause de la musique; et quelques-unes, l'anglais. Outre ces langues, elles parlent encore le livonien ou
l'esthonien, qui sont des langues particulières et ori-
ginales de leurs provinces. Au reste, les Livonien-
nes ont un caractère bien différent de celui des Russes.

18.

Je pourrois facilement désigner quelques-unes de
ces femmes respectables, comme j'en ai désigné de
méprisables: mais on ne trouvera pas mauvais que je
ménage plus la modestie des unes que l'impudeur des
autres.

19.

Mr. Kapieff a fait une assez jolie comédie, où il
essaie de peindre le ridicule de ces commères, et il
ne lui falloit rien moins que la gaieté et le masque
de Thalie, pour rendre plaisant ce qu'il y a de plus
plat et de plus sot dans la société; mais il n'a pas
osé copier les vrais originaux fidèlement.

20.

Il se trouve dans un livre, intitulé: *Vie de Catherine II.* Au reste, l'auteur, ou le compilateur de
cette histoire, a été induit en erreur sur quantité de
faits et de personnes. La princesse Daschkow étoit
déjà disgraciée et partie, à l'époque où il la fait peindre à Pétersbourg; et le cadre de cet ouvrage est
aussi faux qu'invraisemblable.

21.

Auteur russe, assez estimé.

22.

Qu'on me pardonne ce solécisme; on le faisoit en
russe. Elle étoit nommée, par l'oukas, *président et*

directeur, au masculin; et on disoit, en lui parlant:
Madame le président.

23.

La scène de cette pièce, intitulée *Vadime*, est à
Nowgorod-la-Grande, alors république, mais oppri-
mée par les grands-princes de Moscovie, dont elle
vouloit secouer le joug. Ce Vadime en est le héros
historique; et voici les seuls passages que j'en ai con-
servés, et qui sont, je crois, les plus allarmans de
l'ouvrage. Vadime, conspirant pour la liberté de sa
patrie, dit:

Un roi joint les foiblesses d'un homme à la
puissance d'un Dieu.

Il suffit de porter la couronne, pour être bientôt corrompu et devenir un scélérat.

24.

Quand je commençai un peu à entendre le russe,
je voulus lire quelques-uns des ouvrages originaux en
cette langue; mais je fus bien étonné de voir que ce
qu'on me donnoit pour tel n'étoit souvent qu'une traduction d'un livre connu; ce qui n'étoit point énoncé
dans le titre de l'ouvrage.

25.

Un jour, ayant perdu trente roubles au jeu à S...
elle lui envoya, le lendemain, en paiement trente
almanachs de l'académie. Je ne parle ici que de sa
mesquinerie ridicule: la turpitude de ses moeurs et
de ses débauches, où elle est tantôt *Erigone*, tantôt
Tribade, et tantôt *Messaline*, meneroit trop loin.

26.

Par cette suspension marquée il faisoit penser à
Pierre III; et la face rubiconde de la princesse convenoit singulièrement à l'épithète.

DIXIÈME CAHIER.
ÉDUCATION.

ÉDUCATION.

Catherine composa un plan d'éducation pour ses petits-fils [1], comme elle avoit composé une instruction pour la législation de ses peuples. Ce plan, compilé de Locke et de Rousseau, comme cette instruction l'avoit été de Montesquieu, de Mably et de Beccaria, fait honneur à l'esprit de cette princesse ; et n'eût-elle eu que le mérite d'adopter les idées et les maximes qu'elle y consacre, c'en seroit un très-grand pour elle. Si ce plan eût été suivi, Alexandre et Constantin

Pawlowitsch eussent été certainement les princes les mieux élevés de l'Europe, et l'eussent été même assez bien pour pouvoir être autre chose que princes. Mais il en arriva, avec le plan d'éducation de Catherine, comme il en étoit arrivé avec son instruction pour le code. La rédaction des lois finit, comme nous l'avons vu, par être abandonnée à un comité d'ignorans, de bigots et de bouffons, qui heureusement ne s'assemblèrent jamais; et l'éducation des jeunes princes fut confiée à des gens qui étoient à peine en état de lire le plan, dont ils dévoient suivre la lettre et étudier l'esprit [2]. La seule règle, qu'ils parurent y comprendre, fut celle-ci, apparemment parce qu'elle est négative : *On n'enseignera aux jeunes grands-ducs ni la poésie ni la musique, parce qu'il faudroit y consacrer trop de tems pour y devenir habiles.* Ils s'efforcèrent d'étendre cette règle à toutes les sciences [3].

Cependant l'intention de Catherine étoit de faire instruire ses petits-fils dans toutes celles capables d'éclairer leur raison et d'orner leur esprit. Heureusement pour les jeunes princes, un homme d'un mérite supérieur, La Harpe, fut choisi pour être leur premier précepteur. Il eut à lutter sans cesse contre la flatterie intéressée et la basse adulation, qui les environnoient dès le berceau. La mauvaise volonté et l'ineptie des chefs de l'éducation le gênoient plus encore : mais l'estime et la confiance dont l'honora Catherine l'encouragèrent ; et l'idée que c'étoit bien servir l'humanité, que d'inculquer des vérités utiles à des princes appelés à faire les destins de tant de millions d'hommes, le soutint. Il fut inébranlable dans sa marche ; il se fit aimer de l'un de ses élèves, craindre de l'autre, respecter de ses subordonnés et estimer de ses supérieurs. Il opéra presque autant de bien que les alentours viciés des princes faisoient de mal : il fut secondé par quelques-uns des cavaliers d'honneur qu'on leur avoit donnés [4] ; et la Russie devra peut-être un jour plus à *La Harpe* qu'à son compatriote *Le*

Fort. Car, si Pierre I. réforma et civilisa son peuple, Alexandre fait espérer de le rendre un jour plus libre et plus heureux.

La noble franchise avec laquelle La Harpe professoit des sentimens républicains, parmi les esclaves d'une souveraine autocratrice, donna prise à ses envieux. Tous les ennemis de la liberté et de la raison furent les siens. Les Bernois ayant saisi sa correspondance avec son cousin le brave général La Harpe, digne compagnon des premiers triomphes de Bonaparte, ils envoyèrent ses lettres à Catherine. Le prince de Nassau, et Esterhazy, dont la femme est Bernoise, furent ses dénonciateurs, et l'on s'efforça de le peindre comme très-dangereux dans le poste de confiance qu'il occupoit. Catherine le fait venir un jour dans son cabinet, et voici le précis de l'entrevue qu'elle eut avec lui : en faisant voir de quelle estime La Harpe étoit honoré, on verra quelle grandeur il prouve dans le caractère de Catherine.

Catherine. Allons, asséyez-vous, monsieur le jacobin ; j'ai quelque chose à vous dire. *La*

La Harpe. Je proteste contre le titre que Votre Majesté veut bien me donner, et j'ignore comment je l'ai mérité.

L'impératrice lui montre alors les lettres qu'elle avoit reçues, et lui fait part des accusations formées contre lui.

La Harpe lui parla à peu près en ces termes : Avant de me confier l'éducation des grands-ducs, Votre Majesté savoit que j'étois Suisse, et par conséquent républicain. Je n'ai point changé de sentimens, et vous êtes trop juste, madame, pour regarder aujourd'hui comme criminel en moi ce qui ne vous le parut point alors. Mes compatriotes sont opprimés par les Bernois ; je leur conseille de réclamer légalement nos anciens droits ; ce n'est point être factieux. Au reste, madame, j'admire vos grandes qualités, je respecte votre gouvernement, et je suis fidèle aux devoirs que je me suis imposés en me vouant à l'éducation des grands-ducs. Je tâcherai toujours de me rendre digne de la confiance dont vous m'avez honoré, en leur inspirant des sentimens convenables à

leur état et à leur naissance, et en m'ef-
forçant de les mettre à même d'imiter un
jour le grand exemple que vous leur donnez.
Voilà, madame, ma justification, et c'est
à Votre Majesté à me juger, en se faisant
rendre compte de mes travaux et de ma
conduite dans le poste que vous avez daigné
me confier.

Catherine, frappée de cette noble franchise, lui dit : *Monsieur, soyez jacobin,
républicain, tout ce que vous voudrez : je
vous crois honnête homme ; cela me suffit.
Restez auprès de mes petits-fils, conservez
toute ma confiance, et donnez-leur vos
soins avec votre zèle accoutumé* ¹.

Telle fut Catherine. L'on appréciera la
grandeur de cette réponse et le courage de
La Harpe, si l'on pense que c'étoit à l'époque où les Autrichiens fuyoient devant
Dumouriez vainqueur, où la tête de
Louis XVI tomboit sous la hache de la
guillotine, où Gustave expiroit sous les
coups d'Ankarstroem, où Léopold mouroit,
disoit-on, empoisonné, et où tous les rois

trembloient sur leurs trônes. Cependant les délateurs confondus ne se rebutèrent point, et trouvèrent surtout accès auprès du ténébreux Paul 6... Mais le mariage du grand-duc Alexandre ayant terminé son éducation, La Harpe prit son congé et prévint ainsi la cruelle catastrophe dont la magnanimité de Catherine le préserva, et qui l'attendoit sans doute à l'avénement de son successeur.

J'ai parlé ailleurs de Nicolas Soltykow. Grand gouverneur des jeunes princes, sa principale occupation auprès d'eux fut de les préserver des vents coulis, et de leur entretenir le ventre libre. Pratasow, gouverneur de l'aîné, eut été plus en sa place, si on l'en avoit nommé l'apothicaire. Il venoit chaque jour faire un rapport circonstancié à Soltykow des détails les plus insipides, et surtout du nombre de selles que le prince avoit eues. Borné, mystérieux, bigot, pusillanime, il n'étoit point méchant; mais il se rendit ridicule aux yeux de tout le monde, excepté à ceux de

son élève, qui ne remarqua que son attachement pour lui et lui témoigna de la reconnoissance, tandis que le général Pratasow,
au dire des malins courtisans, ne méritoit
que du mépris.

Mr. de Sacken avoit le malheur d'être
gouverneur particulier du cadet des jeunes
princes, après avoir été précepteur de Paul,
et étoit en tout supérieur à son collègue;
mais, par son caractère facile et complaisant,
il devint le jouet de son élève [7], dont la
pétulance et l'inapplication, aussi bien que
l'opiniâtreté indomptable, eussent exigé sans
cesse auprès de lui un homme aussi ferme
que La Harpe, le seul qui eût conservé
quelque pouvoir sur lui et qui eût pu fléchir
sa férocité naturelle, s'il eût été secondé.

Parmi les maîtres des jeunes grands-
ducs, le professeur Kraft, qui leur donnoit
des leçons de physique expérimentale, se
distinguoit par sa bonhommie, sa clarté
et sa méthode imperturbable. Alexandre
Pawlowitsch fit quelques progrès dans cette
science, et y apportoit, comme à toutes

ses études, de l'attention et de l'envie de s'instruire. Kraft parlant un jour des hypothèses de quelques philosophes sur la nature de la lumière, dit que Newton avoit pensé qu'elle étoit une émanation continuelle du soleil. Alexandre, alors âgé de douze ans, répondit : Je ne le crois pas, car, si cela étoit, le soleil deviendroit tous les jours plus petit. Cette objection, faite avec autant de naïveté que d'esprit, est en effet la plus forte que l'on ait opposée au grand Newton. Elle prouve la sagacité précoce du jeune grand-duc.

Le célèbre Pallas leur fit faire dans leurs jardins près de Pawlowsky un petit cours de botanique. L'exposition du système de Linnée sur les sexes des fleurs, et sur leur propagation, donna à ces jeunes princes les premières idées sur celle des hommes, et les engagea à faire une foule de questions très-plaisantes et très-naïves. Cela allarma singulièrement leurs gouverneurs : on recommanda à Pallas d'éluder ces détails sur les pistils et sur les étamines ; le cours de botanique fut même interrompu.

Il faut savoir que Catherine avoit surtout exigé qu'on entretînt ses petits-fils dans
la plus parfaite ignorance sur les mystères
de l'amour, se réservant elle-même de les
instruire et de les faire initier lorsqu'elle
voudroit les marier : mais un événement
plaisant fit en partie avorter ce plan. Un
jour, un levrier des princes s'accoupla, en
leur présence, avec une levrette : ils observèrent curieusement ce manège, et en
demandèrent l'explication. Le général Pratasow, tout effrayé, voulut en vain séparer
les chiens; on sait l'obstacle physique qui
les arrête. Les princes eurent donc le loisir
d'examiner, et Alexandre répondit à son
gouverneur qui assuroit que les chiens se
battoient: *Oh que non! oh que non! vous
ne m'attraperez point: je vois qu'ils se ma-
rient.* Ce fut un coup de foudre pour Pratasow, dépositaire de l'innocence du prince.
Il vint, tout tremblant, raconter au comte
Soltykow que le pot aux roses étoit découvert.
L'on tint conseil, et l'on prit des précautions pour que les jeunes princes n'allassent

pas entretenir la grand'mère de ce qu'ils
avoient vu. Elle eût été outrée de voir son
plan échoué.

La grande modestie de Catherine en
ceci paroît bien contraster avec ses moeurs.
Mais on sait que le régent de France, le
plus débauché des hommes, fit élever
Louis XV dans une telle ignorance des
choses qu'il pratiqua si bien depuis, que,
la veille de son mariage, on fut obligé de
le mettre au fait de son rôle, en lui mon-
trant des estampes qui le représentoient.
Catherine trouva plus à propos de donner
à ses petits-fils les premières leçons dans la
nature même. Une dame T.....kow fut
au moins choisie pour initier le grand-duc
Constantin : elle en recueillit du plaisir ; et
son mari, de l'honneur et de l'avancement.

L'un des voeux ardens de Catherine fut
de voir, comme Louis XIV, ses arrière-
petits-enfans. Elle fit épier le moment de
puberté de ses petits-fils pour ne pas perdre
un instant : mais son espérance fut trompée
par l'impatience même qu'elle mit à la

réaliser. Ces mariages précoces entre des adolescens semblent n'avoir servi qu'à ruiner leur tempérament. Le plus jeune, quoique vigoureux pour son âge, fut plus de huit jours avant de pouvoir consommer son mariage; et l'aîné manqua de perdre l'ouïe des suites du sien. Ils n'eurent point d'enfans, et il est à craindre qu'ils n'en aient jamais [8].

La naissance des deux grands-ducs avoit comblé de joie l'impératrice. Ses vastes projets et ses espérances s'étendirent davantage, et les noms mêmes de ces princes en furent l'emblème. Elle voulut renouveler pour eux le partage du monde en deux empires: elle fit peindre partout ces enfans, l'un coupant le nœud gordien, et l'autre portant la croix de Constantin. Leur éducation sembla d'abord n'être qu'un développement de ces grandes idées. Constantin eut des nourrices grecques, fut entouré de Grecs: il ne parloit que cette langue dans son enfance: mais il l'oublia, dès qu'on voulut lui donner des maîtres pour la lui enseigner mieux. Alexandre fut environné

d'Anglais, et on s'efforça de lui donner
pour cette nation une prédilection, dont il
est à souhaiter, pour le bien de son empire, qu'il se défasse un jour, comme son
frère se dégoûta de la Grèce.

J'ai déjà dit ailleurs que Paul n'avoit
aucune influence ni aucune autorité sur
l'éducation de ses fils. Il étoit obligé de
solliciter auprès de Soltykow la permission
de les voir, ou de gagner leurs valets de
chambre pour savoir ce qui se passoit autour
d'eux. Pendant l'été, ils avoient la permission d'aller, une ou deux fois la semaine,
passer une ou deux heures chez leurs parens ;
et le bizarre Paul se priva, une année
entière, de ce plaisir, parce qu'il ne vouloit
pas voir la comtesse Schouwalow, qui les
accompagnoit dans les derniers tems. Au
reste, voici une leçon pleine d'humanité,
que l'on a entendu ce bon père donner à
ses fils. On avoit reçu les nouvelles de
quelques scènes sanglantes de la révolution
française : *Vous voyez*, mes enfans, dit
Paul à cette occasion, *qu'il faut traiter les*

hommes comme des chiens. Il paroît jusqu'ici fidèle à cette maxime ; c'est le fruit qu'il a tiré de la terrible leçon que la révolution a donnée aux tyrans.

A l'exemple de leurs derniers souverains, les Russes, depuis quelque tems, s'étoient efforcés de sortir de la barbarie, et ils s'adonnoient avec beaucoup de soin à l'éducation de leurs enfans : leur donner des connoissances et des talens, étoit jadis l'heureux moyen de les produire et de les avancer. Ils n'épargnoient ni peines ni dépenses pour cultiver les sciences et les arts dans un pays où elles étoient étrangères, aussi bien que les fruits qu'ils font mûrir forcément dans leurs jardins d'hiver et dans leurs serres. Elisabeth et Catherine érigèrent plusieurs instituts en faveur de la jeunesse, dont quelques-uns, comme les écoles normales et surtout les trois différens corps des cadets, offroient le spectacle intéressant de plusieurs milliers de jeunes gens élevés aux frais de l'état, et instruits dans les mœurs, les langues, les sciences et les arts. Paul vient d'abolir les écoles, et les corps de cadets ne sont plus que des corps de garde et des maisons d'exercice.

Le couvent des demoiselles, établissement digne de la générosité d'une grande princesse par le sentiment qui le fit fonder, manque absolument son but, comme la plupart des autres instituts. On y donne à deux ou trois cents pauvres jeunes filles l'éducation la plus soignée; mais, lorsqu'elles ont atteint dix-huit ans, on les met à la porte. Elles entrent dans un monde dont elles ont vécu séquestrées dès leur enfance : elles n'y retrouvent souvent ni parens ni connoissances, et ne savent que devenir.— Elles deviennent la proie des officiers aux gardes, dont les casernes environnent le couvent, et qui veillent à chaque sortie pour recueillir les plus jolies de ces vierges. Il seroit possible d'épargner sur les frais immenses de leur éducation de quoi les doter, ou du moins les entretenir jusqu'à leur établissement.

L'éducation des jeunes Russes, qui ont

quelque fortune, est ordinairement confiée
à des gouverneurs particuliers, connus et
décriés en Russie sous le nom d'*Outschitéli*,
enseigneurs. Ils sont, pour la plupart,
étrangers, et surtout Français et Suisses.
Les Allemands, malgré leurs bonnes qualités et leur érudition pédagogique, sont
trop incompatibles avec le caractère des
Russes pour soutenir ici la concurrence; et
les essais que quelques parens ont voulu
faire avec les nationaux, sortis de l'université de Moscou ou des instituts de Pétersbourg, n'ont point été satisfaisans. C'est
ici qu'est applicable la fameuse réponse d'un
philosophe grec. Quelqu'un lui disoit :
Avec ce que tu me demandes pour l'éducation de mon fils, j'acheterois un bon esclave
qui l'éleveroit chez moi. Achète un esclave,
répond le philosophe, lui et ton fils en
feront deux.

Les Outschitéli, ces hommes sur lesquels
les têtes légères s'égaient à jeter du ridicule,
et que les vieilles matrones s'efforcent de
faire envisager comme dangereux, ont le

plus contribué à policer la Russie, puisqu'ils
l'ont instruite en détail, homme après homme.
Ce sont les seuls personnages, dont le ministère ait été d'y prêcher la philosophie,
la morale et la vertu, en y répandant quelques lumières : car nous avons vu que la
religion grecque orthodoxe ne se mêle guères
d'inspirer et de faire aimer ces choses-là ;
et un colonel, seul précepteur qu'aient ensuite les jeunes Russes, ne s'en mêle pas
davantage. A commencer par le célèbre le
Fort, qui inspira à Pierre I le désir de
s'instruire, et à finir par un petit clerc de
procureur français, qui enseigne à conjuguer
quelques verbes de sa langue, ce sont ces
Outschitéli qui ont donné aux Russes ce
goût, ces connoissances et ces talens, que
plusieurs d'entre eux firent admirer dans
l'étranger. Il est déplorable sans doute que,
dans le nombre de ceux qui s'adonnent à
l'éducation domestique et font métier de
former des hommes, il s'en trouve tant
d'indignes de cet emploi, et dont l'immoralité et l'ignorance jettent du ridicule et

de l'odieux sur leurs collègues. Mais de
pareils instituteurs commençoient à trouver
difficilement à se placer, excepté dans les
campagnes éloignées, chez quelques bons
Russes de la vieille roche, qui s'imaginoient
avoir donné de l'éducation à leurs enfans
lorsqu'ils les entendoient parler une langue
étrangère. A Pétersbourg, on étoit devenu
plus difficile sur le choix d'un gouverneur,
et l'on trouvoit parmi eux des gens estima-
bles et d'un vrai mérite. C'étoit, sans en
excepter les académiciens, la seule classe
de gens en Russie qui cultivât un peu les
sciences et la littérature. Un Brückner,
chez un prince Kouraïkin; un Granmont, chez
une princesse Dolgorouka; un Lindqwist,
un abbé Nicole et plusieurs autres, sans
avoir des places aussi avantageuses [9], étoient
dignes de l'état auquel ils se vouoient par
goût, et se distinguoient par leurs succès
autant que par leur mérite.

Les grands de Russie, qui ont des richesses et des emplois considérables, sont trop
ignorans, ou trop occupés à jouer et à

intriguer, pour se mêler de l'éducation de leurs enfans; et, manquant dans leur pays de collèges et d'universités, ils prennent un parti fort sage. Sitôt qu'ils ont fait choix de l'homme qui doit les remplacer dans leurs devoirs de père, ils lui donnent beaucoup de confiance et de pouvoir: pour peu qu'ils apportent de discernement dans leur choix, c'est ce que les plus instruits peuvent faire de mieux. Il est rare qu'un gouverneur soit assez dépourvu de bon sens, d'instruction et d'honneur, pour abuser de ses fonctions: il se trouve dans les plus heureuses dispositions envers son élève: l'instruire, le former, s'y attacher, s'en faire aimer, devient un besoin de son coeur. S'il est dans une maison honnête, opulente, il n'a point de regret à sacrifier dix ou douze ans de sa vie: on lui fera un sort [10]; il se fait souvent un véritable ami, et toujours un protecteur, de son élève. Son intérêt même l'excite à lui inspirer des sentimens nobles et justes, et à lui donner le goût des sciences; ce qui est bien plus, et bien plus difficile que d'en enseigner les élémens. C'est ainsi que la plupart des jeunes Russes passent leur adolescence avec un étranger, qui devient leur second père, et pour lequel ils gardent une juste reconnoissance, pour peu qu'ils soient bien nés. Eh! à qui en doivent-ils davantage, à celui qui leur donna par hasard la vie en s'amusant, ou à celui qui consacra sa jeunesse et ses plaisirs à étendre, à annoblir le sentiment de leur existence, et à leur inspirer des goûts qui la rendent plus heureuse?

Cette éducation étrangère a un inconvénient, mais il n'est pas un mal pour la Russie. Les Russes, presque tous élevés par des Français, contractent, dès leur enfance, une prédilection marquée pour cette nation : ils en possèdent bientôt mieux la langue et l'histoire que celles de leur propre pays, et, n'ayant point de patrie en effet, la France devient celle de leur cœur et de leur imagination. Tel étoit le Scythe Anacharsis, élevé par le Grec Théagène. Tels étoient aussi les jeunes Romains formés par

les

les Grecs : mais les Romains avoient des vertus à perdre ; ce n'est guères le cas des Russes. D'ailleurs, ils n'apprennent à connoître la France qu'en beau, comme on la voit quand on en est éloigné et qu'on la regrette. Ils la regardent comme la patrie du goût, de la politesse, des arts, des plaisirs délicats et des hommes aimables ; ils la regardent déjà comme l'asile de la liberté et de la raison, comme le foyer du feu sacré où ils viendront un jour allumer le flambeau qui doit éclairer leur ténébreuse patrie. Les émigrés français, chassés enfin jusques chez les Cimmériens modernes, furent bien étonnés d'y trouver des hommes plus instruits qu'eux-mêmes des affaires de leur propre pays ; c'est qu'il y a de jeunes Russes qui méditent avec Rousseau, et qui étudient les harangues de Mirabeau : les émigrés n'ont rien lu, et n'apportent que leurs préjugés. Plusieurs jeunes Russes connoissoient mieux Paris que ceux qui avoient passé leur vie à en battre le pavé. On a remarqué en général que les Russes ont

les dispositions les plus heureuses et une
facilité de conception surprenante : aussi
font-ils les progrès les plus rapides dans
tout ce qu'on leur enseigne. Il n'y a pas
d'enfans plus aimables, plus intéressans :
plusieurs, à la fin de leur éducation domestique, ont des connoissances plus étendues
et mieux choisies que les jeunes gens qui
ont fréquenté les universités d'Allemagne ;
ils ont surtout une merveilleuse aptitude à
mettre ces connoissances en avant et à propos.
Mais ce sont trop souvent des fleurs précoces
qui ne portent point de fruits : ils voyagent
rarement, comme un Anacharsis ; et le
retour dans leur patrie est le terme ordinaire de leurs études et même de leur goût
pour les sciences et les lettres.

> Telle on voit s'élever l'alouette légère,
> Elle charme un instant par son chant matinal,
> Puis retombe et se tait sur le gazon natal [1].

C'est encore ainsi qu'un Suisse, après
avoir passé sa jeunesse au service de France

et contracté des vices brillans, les quittoit
en rentrant dans son pays pour reprendre
la simplicité de ses ancêtres. Il retournoit
à la vertu, mais le Russe retourne à la barbarie. Il n'y a que les ames fortes et bien
éprises du charme de la philosophie, ou
des attraits de la véritable gloire, qui puissent résister au torrent ; car les connoissances, que les autocrates feignoient de
protéger, finissoient par être un titre d'exclusion pour les emplois et les honneurs
de la cour. C'est ainsi que les moeurs
européennes et le caractère de Catherine
même étoient en perpétuelle contradiction
avec les formes barbares et l'impulsion une
fois donnée au gouvernement russe, qui
détruisoit par sa réaction tout ce que l'humanité et la philosophie vouloient établir.
Le despotisme exige une abnégation continuelle de soi-même, et même des lumières
qu'il protège quelquefois. L'influence des
précepteurs étrangers sur le caractère et
sur la moralité des Russes est donc com-
battue par des préjugés et des obstacles

presque invincibles : mais cette influence est constante et continue ; elle travaille en secret sur les ames ; ses progrès, lents comme la marche du tems, n'en sont que plus sûrs. La jeune noblesse russe est peut-être la mieux instruite et la plus philosophe de l'Europe, mais il vient de se faire une contre-révolution complette dans son éducation : depuis le triomphe de la liberté, et surtout depuis le règne ténébreux de Paul et l'arrivée des émigrés, la marche de l'esprit humain est rétrogradée en Russie. La plupart des Outschitéli sont aujourd'hui des chevaliers, des comtes, et des marquis ou des prêtres ; car il en arrive avec les émigrés, comme il en arriva jadis avec les colons que Catherine faisoit venir pour cultiver ses déserts : tous ceux qui savoient lire et écrire abandonnoient leurs champs pour se faire instituteurs. Mais cela n'aura pas de longues suites : le nouveau métier qu'embrassent ces messieurs les rendra penseurs, ou ils ne le feront pas long-tems. Il est presque impossible d'être Outschitel, sans devenir un peu raisonnable : ce qu'on entend, ce qu'on voit, ce qu'on souffre tous les jours milite davantage en ces lieux en faveur de la liberté que les victoires et l'éloquence des Français. Un Montmorency outschitel devient à coup sûr démocrate.

On lit, dans un *Voyage de deux Français en Russie*, des réflexions bien étranges sur ces Outschitéli. On s'étonne de ce qu'ils sont presque tous démocrates, quoiqu'ils jouissent dans l'hôtel d'un grand seigneur d'une vie douce et aisée, et on les raille de ce qu'ils n'y renoncent pas pour aller consacrer leur vie à la liberté. Vous dites que l'on a raison en France : que n'y allez-vous donc ? c'est le dilemme de ces messieurs. Si quelqu'un louoit la coutume qu'a l'empereur de la Chine de labourer un champ, ils lui diroient également : Que n'allez-vous y tenir la charrue ? Voilà comme on est conséquent. Un homme éclairé et honnête, ne pourra-t-il donc reconnoître la vérité d'un principe, lorsqu'il ne peut en pratiquer toutes les conséquences ? Seroit-

il plus honorable de renier ses lumières
et de faire l'aristocrate, parce que l'on est
placé entre des tyrans et des esclaves ? Un
Français qui se trouve à Pétersbourg ne
pourra donc se réjouir des victoires de ses
compatriotes, parce qu'il n'a pu y contri-
buer que par ses voeux secrets ? Il ne pourra
se réjouir de voir la liberté, l'ordre et le
bonheur, se rétablir dans son pays, s'il ne
peut y retourner [13] ? C'est là le langage des
petites ames qui n'osent confesser une vérité,
lorsqu'ils sont dans un lieu où il est dangereux de ne pas la renier. L'outschitel
français, qui a la noble imprudence de
défendre les droits de l'homme en Russie
et de condamner les tyrans, ne fût-ce que
par un courageux silence, est sans doute
digne de la liberté.

Ce qui vient aujourd'hui arrêter, ou du
moins entraver la marche de l'esprit humain
en Russie, ce sont les mesures ridicules
et tyranniques, mais assez conséquentes de
sa majesté Moscovite pour interrompre toute
communication extérieure entre l'Europe

et ses fortunés états. Jamais Pierre I ne se
donna tant de peines et de soin pour réformer et policer son empire, que Paul prend
aujourd'hui de précautions pour empêcher
la lumière de pénétrer chez les Cimmériens.
Tel Homère nous peint le roi des enfers :

Pluton sort de son trône ; il pâlit, il s'écrie ;
Il a peur que ce dieu, dans cet affreux séjour,
D'un coup de son trident ne fasse entrer le jour.

Le code le plus complétement ridicule
à montrer à l'Europe seroit un recueil des
Oukas de Paul, depuis son avénement. Il
vient en dernier lieu de défendre à tous ses
sujets, et spécialement aux Livoniens et
Courlandais, d'envoyer leurs enfans étudier
en Allemagne, parce qu'on y respire des
principes corrupteurs. Il rappelle, sous
peine de confiscation, tous ceux qui se
trouvent dans les universités étrangères [14];
mais il promet de permettre dans ses provinces allemandes l'établissement d'une
université, où l'on pourra enseigner aux

jeunes gens les sciences les plus nécessaires. En attendant que cette université soit fondée sous ses auspices, et que les disciples de Kant désertent l'Allemagne pour y aller puiser une philosophie plus lumineuse, les Finnois, les Esthoniens, les Livoniens, les Courlandais, demeurent sans aucun moyen d'instruction ; car il n'y a pas même dans ces vastes provinces d'écoles publiques. Le comble de la *sagesse* de Paul, c'est qu'il défend en même tems d'employer des étrangers dans les tribunaux et de leur donner des cures. Il va plus loin ; il interdit, par un autre oukas, l'entrée de ses états à tout étranger, à moins qu'il n'ait une permission spéciale de sa majesté Moscovito-chinoise ; et, pour dernière preuve de barbarie, cet *immennoï-oukas* n'a point été publié. Des marchands, des étrangers possessionnés en Russie, de jeunes gens qui y étoient appelés, sont arrêtés aux frontières ou sur les vaisseaux où ils arrivent, et renvoyés après avoir fait les frais et couru les dangers d'un long voyage.

Un autre oukas, rempli d'invectives contre la France et même contre les puissances qui entretiennent des liaisons avec elle, défend la lecture de tous les papiers français. Aucune gazette ne pourra aborder en Russie, sans avoir été examinée et timbrée par un comité de censure, et il est enjoint à tout homme qui recevroit par la poste, par un courier, ou par un voyageur, quelle gazette ou ouvrage imprimé que ce puisse être, de les porter sur-le-champ à cette censure, sous peine d'être puni comme rebelle!

L'on est plus heureux en Allemagne, car on y reçoit les gazettes russes; et les articles suivans, que j'en extrais, édifieront mes lecteurs français.

« Si quelqu'un veut acheter toute une famille, ou un jeune homme et une jeune fille séparément, il peut s'adresser chez la blanchisseuse en soie, vis-à-vis l'église de Casan. Le jeune homme, nommé *Iwan*, est âgé de 21 ans; il est sain, robuste, et sait friser les dames. La fille, bien faite et bien portante, nommée *Murpha*, âgée de 15 ans, sait coudre et broder. On peut les examiner et les avoir à un prix raisonnable [15]."

« On trouve dans la même maison un étalon du Holstein à vendre. S'adresser au cocher pour les voir."

« Il se trouve encore à l'imprimerie de l'académie quelques exemplaires de l'instruction pour le code, par Catherine II. etc. etc. [16]."

Et ces nouvelles nous viennent d'Europe! d'un pays chrétien; d'un empire que Pierre a civilisé, où Élizabeth, où Catherine ont régné et captivé l'admiration! Certes, si Paul avoit quelque pudeur, il défendroit la sortie des gazettes russes, bien plutôt que l'entrée des étrangères.

Il est à remarquer que, sous le règne de Catherine, la Russie fut, pendant un tems, le seul pays de l'Europe où les papiers français ne fussent pas défendus. Le Moniteur ayant parlé plusieurs fois de l'impératrice, et surtout de Paul et de sa cour, Catherine donna ordre qu'on ne distribuât plus le Moniteur qu'après qu'elle l'auroit parcouru. Quelques semaines après, elle y trouva un article où elle étoit qualifiée de Messaline du Nord, etc. L'ayant lu, elle dit : *Puisque cela ne regarde que moi, qu'on le distribue.* Au moment où les gazettes, les cocardes et les chansons françaises, étoient proscrites chez les nations les moins barbares ; tandis qu'on emprisonnoit à Turin ceux qui chantoient *Ça ira,* qu'on punissoit en Angleterre les oiseleurs et les oiseaux qui répétoient ces mots, et qu'on défendoit à Vienne de parler français, il étoit intéressant de voir le gouvernement russe au-dessus de ces petites inquisitions, et d'entendre les élèves du colonel La Harpe solfier les airs de la liberté dans le palais des tzars : l'un d'eux portoit dans sa poche une cocarde nationale, qu'il montroit d'un air triomphant en narguant les courtisans les plus timorés. Ce ne fut qu'après la mort de Louis XVI et l'assassinat de Gustave III, que Catherine, frappée de

terreur, commença à s'abandonner aux sug-
gestions de ses lâches favoris et des émigrés
qui l'obsédoient; c'est alors seulement qu'on
la vit prendre des précautions qui trahis-
soient ses craintes, ses remords et sa
décrépitude [17].

Cependant l'on a toujours eu davantage
à craindre le zèle barbare et intéressé des
suppôts subalternes du gouvernement que
le caractère de Catherine. Avec des ministres plus instruits, des courtisans plus
honnêtes, des favoris moins pusillanimes,
elle n'eût point fini, comme les Sirènes
de Virgile, qui sont de belles femmes
terminées en queue de poisson. Parmi les
nombreuses victimes de l'inquisition politique, *Radischeff* mérite surtout les regrets
des amis de la raison. On sait que Catherine envoya souvent de jeunes Russes
voyager et s'instruire à ses frais : plusieurs
furent heureusement choisis, devinrent
des gens de mérite, et rapportèrent dans
leur patrie des connoissances et des idées
de philosophie et d'humanité. Le plus

distingué et le plus malheureux de ces
élèves de Catherine fut *Radischeff*. Il devint,
à son retour, directeur de la douane, et,
dans cet emploi de publicain, sa probité,
l'aménité de ses mœurs et les agrémens de
sa société, le firent estimer et chérir. Il
cultivoit les lettres, et avoit déjà publié
un ouvrage intitulé : *Potschta Doukow* [18],
la production périodique, la plus philoso-
phique et la plus piquante qu'on ait jamais
osé publier en Russie. Cependant on ne
l'avoit point inquiété : mais, depuis la
révolution, il eut le courage d'imprimer
une petite brochure, où il osa laisser trans-
pirer sa haine pour le despotisme, son indignation contre les favoris et son estime
pour les Français. Ce qu'il y avoit de singulier, c'est que plusieurs exemplaires de
l'ouvrage portoient l'approbation de la police.
Kléief, maître de police, aussi célèbre en
Russie par ses balourdises, que les d'Ar-
genson, les Le Noir et les Sartine le furent
en France par leurs finesses, fut cité pour
rendre compte de cette approbation. Il

ne sut que répondre, car il n'avoit pas lu
l'ouvrage et ne l'auroit pas compris. Mais
l'estimable Radischeff, également cité, avoua
que les morceaux les plus hardis de son
livre n'étoient pas dans le manuscrit lorsqu'il
le soumit à la censure, mais qu'il les avoit
imprimés chez lui [19]. Il étoit digne du
caractère que montra ailleurs Catherine de
pardonner : mais *Radischeff* fut expédié pour
la Sibérie. Il demanda d'embrasser encore
une fois sa femme et ses enfans ; et, en le
tirant de sa prison pour le faire partir, on
lui permit de s'arrêter un instant sur le
bord de la Néva pour les attendre ; mais
c'étoit la nuit ; on venoit de lever le pont
pour ouvrir passage à un vaisseau, et en
ce moment sa malheureuse épouse arrive
à l'autre bord. *Radischeff* supplie qu'on
retarde son départ jusqu'à ce que le vaisseau
soit passé, ou que sa femme puisse trouver
une chaloupe ; ce fut en vain : la garde im-
pitoyable le fit remonter et l'enferma dans
son tombereau, à la vue de son épouse
éperdue et qui lui tendoit les bras à travers

le fleuve en poussant de grands cris. C'est ainsi qu'il partit, le désespoir dans le coeur. Ah! s'il vit encore dans les vastes déserts où il est confiné, ou s'il respire enseveli dans les mines du *Kolivan*, puissent sa philosophie et sa vertu le consoler encore! son courage n'a pas été inutile à sa patrie. Malgré les recherches domiciliaires du despotisme, son ouvrage existe chez plusieurs de ses compatriotes, et sa mémoire est chère à tous les hommes raisonnables et sensibles.

Cette proscription de tout ce qui ose penser est la seule chose que Paul imite aujourd'hui de sa mère, et où il soit en état de la surpasser. On ne trouvera pas mauvais que je finisse ce cahier par cet apologue, que sa conduite m'inspira déjà lorsqu'il n'étoit que grand-duc, et qu'il n'a que trop justifié.

Le Grand-Duc (*) et le Ver luisant,

FABLE.

Dans une sombre nuit d'été
Un ver luisant caché sous l'herbe
Jetoit une douce clarté.
Ce n'étoit point un phare éclatant et superbe,
Il n'éclairoit qu'un pas à l'environ ;
C'étoit là son horizon ;
Mais pourtant l'insecte lucide
Servoit de guide
Aux petits hôtes du gazon.
A sa lueur douce et tranquille,
La fourmi retardée atteignoit son azile,
Le papillon léger s'égayoit à l'entour :
En un mot, cet astre reptile
Embellissoit les nuits de son humble séjour.

Non loin de là, dans une vieille tour,
Prison de sa triste famille,
Un vieux hibou tenoit sa cour.
Un hibou hait les *vers* qui lui montrent le jour.
Audacieux ! dit-il à l'insecte qui brille,
Qui t'a fait si hardi que d'approcher de nous ?
Tu mourras. Monseigneur, lui répond l'humble insecte,
Je suis indigne, hélas ! d'un si noble courroux.

(*) Oiseau de nuit, qu'on trouve surtout en Russie. Voyez
Buffon.

Je

Je vous honore, vous respecte ;
Je tremble d'approcher de vous :
A sucer la rosée ici je me délecte ;
Mais d'aucun bruit pourtant je ne trouble vos nuits.
Comment un animal foible comme je suis
    Peut-il offenser Votre Altesse? —
    Insecte dangereux ! *tu luis* ;
    Péris, la lumière me blesse.

    Cela dit, le nocturne oiseau,
En écrasant le ver, éteignit son flambeau
    Sans rendre la nuit plus épaisse.

NOTES
DU DIXIÈME CAHIER.

1.

Iʟ n'a point été imprimé. Catherine en remit des copies aux chefs de l'éducation pour leur servir de règle. Il est fait en forme d'instruction, adressée au comte Nicolas Soltykow.

2.

Ce mauvais choix est un rapport qu'a eu Catherine avec Pierre I : cet illustre instituteur de son peuple en fut un très-mauvais pour son fils unique. Après lui avoir laissé passer son enfance avec des domestiques, des prêtres et des moines, il lui donna pour gouverneur Mentschikow, qui, de notoriété publique, ne sut jamais lire. Il est vrai qu'il lui donna pour sous-gouverneur un Hollandais, homme instruit, mais qui éprouva bientôt le sort qu'eut La Harpe sous un semblable chef.

3.

Elle est certainement la moins bonne règle de cette instruction. Il ne s'agit pas de faire un poète ou un virtuose d'un prince; mais on ne peut lui donner trop de goût pour les arts qui inspirent et nourrissent la sensibilité de l'ame, si rare chez les grands. Les sciences exactes, qu'on prétend rendre l'esprit plus juste, dessèchent le coeur. L'histoire est la véritable étude des princes et des régens. Sans les belles-lettres, Frédéric l'unique n'eût été qu'un tyran; et avec elles Pierre I eût cessé d'être féroce et barbare. Dieu préserve les peuples soumis à des rois d'en avoir de géomètres et de calculateurs: ils mesureroient les hommes à la toise, et les compteroient comme leurs écus. L'important est d'être humain, bon et juste, mais de cette justice qui vient du sentiment du vrai et du beau, et non de celle qui ne se prouve que par a + b.

4.

Surtout les deux *Morawieffs*, qui cultivoient les lettres et avoient beaucoup de mérite et de talens,

et un *Toutoulmin*, homme d'esprit et de bonne so-
siété.

5.

Ce fut dans un entretien pareil que le courageux
La Harpe fit sentir un jour à Catherine le danger et
l'injustice qu'il y auroit d'envoyer une armée russe
contre les Français. La noble franchise d'un homme
qu'elle estimoit fit plus d'impression sur elle, que tous
les argumens de Pitt et les sollicitations des coalisés.

6.

Un Genevois, le même dont j'ai déjà parlé, et
qui est aujourd'hui secrétaire des commandemens du
grand-duc Alexandre, tour à tour attaché à Nassau et
à Esterhazy, et ensuite à Paul, étoit le délateur de
ses compatriotes. Paul demandoit souvent à son fils
Constantin: Avez-vous toujours ce jacobin près de
vous? Il pensoit La Harpe.

7.

Sacken ne cessoit de prêcher le prince et de l'ex-
horter à lire. Je ne veux pas lire, répondit un jour

Constantin, parce que je vois que vous lisez toujours et que vous êtes toujours plus bête. Cette méchanceté faisoit rire. Il mordoit, frappoit ses gouverneurs, ses cavaliers et ses maîtres. La Harpe étoit le seul qui se plaignoit et demandoit qu'on le corrigeât.

8.

On a parlé, dans le premier cahier, du mariage de ces princes.

9.

Mr. Brückner recevoit trente-cinq mille roubles, pour quatorze ans qu'il s'engageoit de consacrer à l'éducation des jeunes princes Kourakin; et Granmont, vingt-cinq mille pour celle des princes Dolgorouki.

10.

Les grands seigneurs français donnoient quelquefois de riches abbayes aux abbés, leurs éducateurs; les riches Anglais en usent encore plus généreusement. Les Russes les imitent souvent; leurs gouverneurs reçoivent des pensions viagères en partant, ou des emplois et des grades, s'ils se fixent en Russie.

Ainsi en agissent au moins ceux qui n'ont pas regardé leurs instituteurs comme leurs premiers domestiques.

11.

Un comte Bouttourlin avoit poussé si loin ces connoissances locales, qu'il pouvoit soutenir avec un Parisien la conversation la plus détaillée sur les spectacles, les rues, les hôtels et les monumens de Paris. Le Français demeuroit stupéfait, lorsqu'enfin le Russe lui avouoit qu'il n'avoit jamais été en France.

12.

Tiré d'une épître à un jeune Russe.

13.

J'apprends avec douleur que ces braves Français ne pourront jamais revenir jouir dans leur patrie des fruits de leur pénible industrie, parce qu'ils ont été forcés de faire un serment ridicule et monstrueux.

14.

Il se trouvoit trente-six étudians à Leipzig, et soixante-cinq à Jena, sujets du tzar; ils viennent de partir en hâte, en vertu de cet oukas.

15.

Le prix ordinaire d'une fille ou femme est de 50 à 200 roubles : ce prix varie selon son âge, sa figure ou ses talens. Celui d'un homme varie aussi de 300 jusqu'à 500 ou même 1000 roubles. Quelquefois on échange un esclave contre un chien ou un cheval; et, d'autres fois, on le joue au pharaon.

16.

Anhang zu der Petersburger Zeitung, N°. 66, 1798.

17.

Un fait prouvera encore la noble sécurité de Catherine. Un frère du célèbre Marat se trouvoit à Pétersbourg gouverneur chez un chambellan Soltykow. Ce Marat, en condamnant les fureurs de son frère, ne cachoit point à ses amis ses sentimens républicains, et il demeuroit en paix, amenant même quelquefois son élève à la cour. Cependant, comme son nom pouvoit l'exposer à quelque avanie, à l'époque de la mort du roi il demanda à Catherine la permission de le changer, et il se nomma Boudri, du lieu de sa naisssance.

18.

La Poste des esprits.

19.

L'ouvrage de Radischeff est intitulé : *Voyage à Moscou.* On a vu des marchands russes donner jusqu'à vingt-cinq roubles pour l'avoir pendant une heure et le lire clandestinement. Je n'en ai lu que quelques lambeaux, entre autres une allégorie où il détaille l'orgueil et la sotte grandeur d'un despote environné de lâches flatteurs. Voici la phrase qui indigna surtout Catherine, puisqu'elle étoit directe : *J'entre à Tzarskoé-Célo; je suis frappé du silence effrayant qui y règne : tout se tait, tout tremble; c'est ici la demeure du despotisme.* Et c'est cette phrase qui a valu la Sibérie au malheureux Radischeff.

SUPPLÉMENT.

SUPPLEMENT [1].

———————

Jeunes infortunés, que des relations mensongères et des espérances trompeuses amènent de tous les pays sur les bords orageux de la froide Néwa, que les tableaux que j'ai tracés et ceux que je vais esquisser encore vous désabusent enfin [2]. De mille qui abandonnent leur patrie pour chercher loin d'elle la fortune et le bonheur, à peine quelques-uns trouveront-ils en Russie la première, et jamais le second. Les autres gémissent de misère et de regrets, ou traînent une vie végétative sous l'inclémence d'un ciel rigoureux. Le souvenir

des jeux de leur jeunesse et des mœurs
de leur pays est le seul plaisir pur que les
plus honnêtes goûtent encore. Dans l'abondance et la dissipation où plusieurs passent
leurs jours monotones, ils éprouvent une
vague inquiétude qui les effraie ; l'air acca-
blant de Russie semble peser sur leur
front et les courber vers la terre : ils vieil-
lissent rapidement ; leur sang s'épaissit, leur
ame se matérialise. Telle Ovide nous
peint la métamorphose graduelle de Daphné :
une écorce dure et sauvage enveloppe son
cœur ; il palpite encore, mais il ne sent
plus. Elle perd la pensée avant de perdre
l'existence, et cesse de vivre pour commencer à végéter.

Heureux pourtant celui qui parvient à
cette végétation animale ! Il est du moins
insensible aux scènes révoltantes qui l'environnent et à son propre avilissement ; tandis
que l'homme qui conserve un cœur, est
sans cesse tourmenté par l'indignation que
lui inspirent le despotisme impudent, la
bassesse de la servitude et l'avilissement de

l'humanité. O vous que les orages de la liberté ont fatigués, vous qui sentez s'éteindre en vous le feu sacré qu'elle allume, allez à la cour des tyrans pour retremper vos ames ! Et vous, Français républicains, croyez-vous avoir seuls souffert et combattu pour la raison ? Tout homme assez fier pour ne pas anéantir sa conscience et renier son bon sens devant les plus absurdes préjugés, devant les plus barbares maximes, faisoit cause commune avec vous. S'il ne pouvoit étouffer le sentiment pénible qui le travailloit, s'il ne pouvoit parvenir à une entière abnégation de lui-même, il en étoit la victime. Le moment sublime où vous brisâtes vos chaînes fut celui où tous les tyrans renforcèrent celles de leurs esclaves. Tandis que la liberté agitoit sur l'Europe le flambeau de la raison, le despotisme écrasoit de son pied fangeux chaque étincelle qui voloit autour de lui. Malheur à celui qui laissoit spontanément échapper quelque trait lucide, *et beati pauperes spiritus !* Les déserts de la Sibérie,

les souterrains du Kholivan et les bastilles
du Nord se peuploient en raison de vos
déportations et de vos envois à l'abbaye.
Chaque excès de vos démagogues étoit
aussitôt vengé par un excès contraire et plus
absurde. En un mot vous rejetiez sur le
reste des hommes, surtout sur vos malheureux compatriotes, tout le poids de ces
fers que vous aviez secoués. Il falloit alors
autant de courage à l'ami de la liberté,
entouré de tyrans et d'esclaves, pour dire
une simple vérité, qu'il en falloit à ses héros
pour renverser la coalition.

De tous les étrangers qui se trouvoient
en Russie durant la révolution, les Français et les Suisses furent les plus exposés
aux vexations inquisitoriales. Le nom seul
de Français devint une injure, et les bigots
politiques et religieux cherchoient partout
à ameuter contre eux la populace russe,
d'ailleurs paisible, tolérante et hospitalière:
Ces hommes que l'aptitude, les lumières
et les talens avoient auparavant fait distin-
guer; dont plusieurs remplissoient des places

importantes à la cour et dans les armées,
d'autres des places de confiance dans les
maisons particulières ; les courtisans , les
officiers , les instituteurs , les artistes , les
comédiens , les hommes de chambre , les
cuisiniers[3] , etc. devinrent en un moment
des objets de haine , de méfiance et de proscription. Catherine qui avoit accoutumé
elle-même les Russes à des idées libérales
et philosophiques les démentit tout-à-coup.
La mort de Louis XVI et l'arrivée des émigrés furent le signal des persécutions : les
émigrés surtout ne cherchèrent qu'à dénoncer
et à remplacer leurs compatriotes qui ne
partageoient pas leurs opinions ; et les anciens
Français qui voyoient de loin les flammes
de la révolution sans en voir le tison , qui
en embrassoient les principes avec d'autant
plus de candeur que les honnêtes gens et
les gens de lettres les avoient dès long-tems
au fond de l'ame , furent les premiers at-
teints : les lâches, les coquins , les hypo-
crites et les valets qui se mirent à déclamer
hautement contre les innovations , furent
seuls épargnés.

L'une des premières victimes fut *Cuinet d'Orbeil* que tout Pétersbourg a connu, et qui l'étoit même ailleurs par ses jolis vers dont on trouve plusieurs dans les almanachs des Muses. C'étoit un Français chaud de coeur et d'expression; un poëte dans l'acception vulgaire du mot, mais incapable de rien entreprendre et de rien tramer, dont le gouvernement eût pu s'alarmer. La cour se trouvoit à *Péterhof* pour y célébrer la fête de St. Pierre: on faisoit jouer les eaux; il y avoit bal et illumination. Cette réjouissance attira d'autant plus de monde, que l'impératrice Catherine n'étoit pas venue à Péterhof depuis plusieurs années; car elle avoit en aversion le château qui lui inspiroit si justement de noirs souvenirs et des remords [4]. Au milieu de la fête arrive un courier avec la nouvelle de l'évasion de Louis XVI. Grande rumeur, grande joie dans les appartemens; le bal est interrompu et la nouvelle triomphante passe de bouche en bouche. Le comte T..... qui connoissoit d'Orbeil l'aborde en sortant du sallon

de

de l'impératrice. Eh bien! lui dit-il, monsieur le démocrate, savez-vous une grande nouvelle? Oui, répond d'Orbeil qui arrivoit de Pétersbourg, je sais une grande nouvelle. — Savez-vous que le roi est échappé de Paris? — Oui, Mr. le comte; mais savez-vous une plus grande nouvelle? c'est qu'il a été repris. Ces mots furent un coup de foudre pour les auditeurs. Le fait étoit que les deux couriers arrivèrent presque en même tems à Pétersbourg; mais celui qui annonçoit l'heureuse évasion du roi ayant été de suite expédié à l'impératrice pour compléter la fête, on ne s'empressa pas de lui envoyer le second pour la troubler. Cependant comme la conversation de d'Orbeil avec le comte avoit fait une espèce de scène piquante, il fut remarqué et surveillé dès lors. Il lui échappa peu de tems après quelques expressions en faveur de la révolution, chez la Hus, comédienne qu'entretenoit Markow, secrétaire d'état: d'Orbeil fut enlevé pendant la nuit de l'hôtel *Tschernitschew*, et transporté dans un vaisseau du port, où on le jeta à fond de cale. La surprise et l'effroi lui tournèrent la tête ; il s'échappa et se précipita dans la mer : c'est le blafard Markow qui fit ce coup d'état. Comment la Hus n'intercéda-t-elle pas en faveur de son compatriote, de son ancien camarade et ami ?

Si de pareilles horreurs arrivèrent sur la fin du règne de Catherine, lorsque les plats courtisans et les émigrés l'environ-nèrent de soupçons et de terreurs, on la vit au moins souvent revenir à la justice et même à sa générosité naturelle, quand la vérité pouvoit pénétrer jusqu'à elle. Dans le même tems, *Mioche*, autre Français, ayant été désigné par les émigrés comme un patriote, fut aussi jeté dans les cachots ; mais Catherine le fit élargir bientôt et le dédommagea de ce qu'il avoit souffert, par des exemptions particulières qu'elle lui accorda pour le commerce du vin.

Paul, bien différent de sa mère, fait consister les principes de la justice dans son infaillibilité même. Il ne peut se tromper; on ne peut le tromper. C'est d'après cette opinion bien connue que ceux qui veulent se réintégrer dans ses bonnes graces, commencent par s'avouer coupables de quelques fautes, dussent-ils les inventer. Malheur à celui qui voudroit prouver son innocence; ce n'est pas le fait qui constitue le crime, mais l'opinion de Paul.

L'une des injustices les plus criantes, et celle qui indigna le plus les honnêtes gens de tous les partis, fut la proscription qu'essuyèrent le colonel et le major *Masson*, et qui signala le commencement de son règne.

Ces deux frères, Suisses ou Virtembergeois, et dès leur jeunesse au service de Russie, s'y étoient acquis de la considération. L'un qui avoit été aide de camp de Potemkin, ayant fait à sa suite les campagnes contre les Turcs, avoit obtenu, comme récompenses militaires, la croix et l'épée d'or que Catherine donna aux officiers qui s'y distinguèrent. Il avoit épousé la nièce du célèbre général Mélissino qui vient de mourir en fonction de grand-maître d'artillerie. L'autre, après avoir été quelque tems au corps d'artillerie et ensuite aide de camp du comte Soltykow, ministre de la guerre, avoit été placé auprès du grand-duc Alexandre, après le départ du colonel La Harpe. Il s'étoit également marié à une demoiselle russe d'une famille distinguée de Livonie. Tous deux, cultivant par goût les sciences et la littérature, menoient une vie retirée et tranquille dans le sein de leur famille ; ils se faisoient chérir de leurs amis par l'aménité de leurs mœurs, et estimer par leur raison et leur esprit. Tous deux officiers supérieurs, au service depuis douze ans, tous deux mariés à des Russes, alliés à des familles accréditées, possessionnés en terres et en esclaves, ils furent enlevés à leurs femmes, à leurs enfans par un ordre secret de l'empereur, emmenés séparément et sous sûre garde dans des traîneaux couverts, sans même qu'on ait su le crime dont ils ont été accusés.

L'épouse du plus jeune, relevant à peine
de couches, n'écouta que son désespoir et
fut dès le lendemain attendre le farouche
empereur sous les voûtes du palais d'hiver,
demandant à grands cris justice pour son
mari. Votre mari est coupable, répondit
Paul. Retirez-vous, si vous ne voulez pas
que mon cheval vous écrase. L'infortunée
tomba évanouie, et le cheval de Paul passa
heureusement à côté. Ces faits et l'indignation qu'inspira cette dureté despotique,
furent même consignés dans une sommation
que les parens et amis de ces opprimés
osèrent publier. En voici la traduction
littérale.

*Sommation formelle et prière à MM. de
   MASSON, ci-devant officiers au service
   de Russie*.*

  « Ces deux frères servoient depuis plusieurs années l'empire de Russie, et s'y

---

* Voyez le Journal : *La Minerve*, par Mr. d'Archen-
holz, Mai 1797, p. 366. Ernstliche Aufforderung
und Bitte, an die, in russischen Diensten gestande-
nen Herren von Masson.

étoient acquis la réputation d'être hommes
de coeur et de tête. L'aîné étoit colonel,
chevalier, etc.; le cadet, major. — Tous deux
mariés: le premier à la fille du général
Yhrmann, brave et respectable guerrier qui
venoit de mourir, après avoir long-tems et
loyalement servi l'état [6]; l'autre à une ba-
ronne Rosen, d'une famille livonienne connue et estimée [7]. Tous deux avoient d'aimables enfans et vivoient en bons pères de
famille. L'aîné étoit même possesseur de
terres en Esthonie."

« Un jour du mois de décembre dernier
(1796), les deux frères sont cités chez le
général Arkarow, directeur-général de police. Ils y trouvent un certain comte de
Plaisance, officier au corps des cadets d'artillerie, personnage dont l'existence semble
en effet accuser la nature d'une mauvaise
plaisanterie. Cet homme avoit écrit une
lettre à Moscou, où il disoit entre autres
à l'un de ses amis : *L'on met beaucoup de
jacobins aux frontières* * et je crains bien

* L'on a vu plus haut ce que la dénomination de
jacobin signifie en Russie.

qu'il n'en arrive autant à MM. Masson.
Cette lettre, sans doute par un ordre suprême, fut ouverte à la poste, et devint
la cause de ce désagréable rendez-vous. Le
comte de Plaisance soutint son assertion
par la terrible inculpation que MM. Masson,
en lisant les gazettes, avoient toujours pris
le parti des Français. MM. de Masson
l'avouent ; mais ils désirent savoir quelle
conséquence désavantageuse à leur caractère et à leur honneur, et même à leur devoir
comme officiers russes, l'on en pouvoit tirer ?
Le résultat public et divulgué de cette affaire est que les deux frères, sans autres
informations, furent jetés dans une kibitka *
et conduits jusqu'aux frontières sous sûre
garde[8]."

« L'épouse de Mr. de Masson, cadet,
se jeta aux pieds de l'empereur en pleine
rue et demanda à grands cris : Justice,
justice ! et point de grace ! L'empereur répondit : Ils sont coupables ; j'aime l'ordre

* Traîneau couvert dont on se sert en Russie.

dans mon pays. Il voulut passer outre; mais l'épouse désespérée saisit la bride de son cheval. L'empereur lui dit de se garder d'être foulée aux pieds."

« J'aime mieux mourir, répondit cette courageuse femme, que d'être l'épouse d'un homme perdu d'honneur.... Ce fut en vain, l'empereur pousse son cheval et passe [9]."

« Tout Pétersbourg vient d'être témoin de cet événement. L'empereur est juste, et l'on suppose, ou qu'il a été trompé, ou que MM. de Masson se sont en effet rendus coupables de quelque attentat ignoré dans le tems [10]. Il est vrai que l'on ne peut s'expliquer le mystère dont on enveloppe cette affaire ; car, s'ils sont coupables, pourquoi les épargner ? Et s'ils ne le sont pas, pourquoi les punir ? Dans le premier cas l'on ose présumer que sa majesté l'empereur est en quelque sorte redevable à son peuple de la publication de leur attentat; à son peuple qui l'adore [11], qui a mis toute sa confiance dans sa justice et qui seroit malheureux s'il avoit à trembler devant chaque délateur secret."

« Les soussignés, tous parens et amis
de MM. de Masson, et à qui il importe en
cette qualité de dévoiler ce fatal secret,
les somment donc ici solennellement de se
défendre, s'ils sont innocens : comme hommes d'honneur, ils doivent cette démarche
à tous ceux dont ils ont gagné l'estime par
leur agréable commerce ; ils la doivent
même à l'empereur qui est assez magnanime peut-être pour réparer les suites d'une
action trop précipitée, si quelque scélérat
l'avoit trompé [12]. »

Suivent les signatures des parens et amis.

Il faut être au fait des localités et connoître le caractère de Paul, pour apprécier leur
courage, malgré les ménagemens qu'ils ont
observés dans cette sommation.

Un autre moscovitisme de Paul excita
aussi l'indignation publique. Les réformés
français et suisses ont à Pétersbourg une
église, où ils permirent aux Allemands de
célébrer aussi leur culte en leur langue ;
mais comme les premiers fonds de ce temple
provenoient des Français, ils en gardoient

la manutention. Les Allemands prétendirent une entière communauté ; ils intentèrent un procès qu'ils perdirent. Ils implorèrent la protection de Paul, qui ordonna une révision. Le sénat confirma son premier jugement. Nouvelle réclamation ; et Paul ordonna de juger en faveur des Allemands. *Mannsbändel* de Mülhouse étoit pasteur des Français, et le comte *Gollowkin*, capitaine de marine, l'un de ses anciens d'église [13] : ils se permirent quelques remarques sur la partialité de l'empereur. Mannsbändel fut jeté au fond d'un cachot, d'où il ne sortit qu'avec injonction de quitter la Russie ; le comte Gollowkin eut ordre de sortir de Pétersbourg sur-le-champ ; puis il reçut un nouvel ordre de se rendre sur le vaisseau qu'il commandoit, où, à son arrivée, il fut fait matelot.

A la nouvelle de la mort du dernier roi de France, Catherine, saisie de frayeur, prit contre les Français en Russie des mesures de sûreté : il leur fut ordonné de prêter serment de fidélité à Louis XVII et à leur

sainte religion, en jurant haine et exécra-
tion aux principes qui étoient professés en
France. D'après les listes imprimées par
ordre du gouvernement, il se trouva sept
à huit cents Français à Pétersbourg et davantage à Moscou. Tous se virent forcés de
prononcer de bouche des imprécations contre
leur patrie. Il n'y en eut que quelques-uns,
qui, depuis long-tems ayant pris leurs arran-
gemens pour repasser en France, où ils
avoient leur fortune, aimèrent mieux partir, en huit jours, comme le prescrivoit
l'oukas en cas de refus. Cet *oukas* fut
aussi absurde et barbare dans sa rédaction,
que ridicule et contradictoire dans son
exécution. Ce ne fut pas seulement les
Français qu'on obligea de prêter serment,
mais presque tous les étrangers qui parloient
français, ou qui avoient leurs passeports
écrits en cette langue : de manière qu'un
Brabançon, un Piémontais, un Liégeois,
un Milanais, se trouvoient forcés de prêter
hommage au roi de France : il semble que
la police russe ait dès lors prévu la grande

réunion qui devoit bientôt avoir lieu, et qu'elle ait voulu la sanctifier d'avance. Quelques Suisses, Montbéliardois, Neuchatelois et Virtembergeois, y furent également contraints. Le grand-duc Paul l'exigeoit de tous les étrangers indistinctement qui se trouvoient à sa suite; plusieurs prévinrent officieusement ses voeux et ses ordres. Un plus grand nombre s'en disculpa en disant qu'ils n'étoient pas nés sujets de la France, et firent entendre raison, non pas à Paul, mais à la police.

Paul, devenu empereur, renchérit beaucoup sur ce qu'avoit fait sa mère; il ordonna que tous les étrangers qui se trouvoient en Russie eussent à professer la religion dans laquelle ils étoient nés. Il fut enjoint nommément aux catholiques de pratiquer scrupuleusement les rites de leur secte et les commandemens de l'église romaine. On afficha dans toutes les langues un *oukas* qui enjoignoit à chacun d'eux, sous peine d'être traités en rebelles, de s'approcher du saint sacrement de pénitence, et de se mettre en état de recevoir le corps du sauveur à pâques ; mais il étoit ordonné aux prêtres de n'accorder l'absolution qu'à ceux qui la méritoient. L'église catholique jusqu'alors déserte se remplit ; les prêtres français, allemands, italiens et polonais qui la desservent se mirent à confesser. Devant chaque confessional, fut préparée une boëte, où le pénitent étoit tenu de jeter une carte portant son nom, sa profession et sa demeure ; les cartes étoient chaque soir portées à l'empereur. Le confessé recevoit alors un billet d'absolution, signé du prêtre, et en vertu duquel il étoit admis à la sainte table. Ce billet étoit d'ailleurs pour lui une carte de sûreté, et il le produisoit dans le besoin à la police. Les aubergistes, les propriétaires de maison, furent chargés de veiller à l'exécution de ces ordres dans ce qui regardoit les personnes logées chez eux, et de dénoncer ceux qui ne fréquentoient point les églises ou qui portoient des pantalons, des chapeaux ronds et des gilets croisés. On avertissoit charitablement les

malades qu'ils pouvoient exiger que le confesseur vînt chez-eux, et les pauvres qu'on
leur porteroit le bon dieu gratis.

Qu'on juge de l'embarras de la plupart
des Français. Jusqu'alors ils avoient été en
Russie aussi libres qu'on peut l'être, rela-
tivement aux opinions religieuses dont le
gouvernement ne prenoit aucune connoissance. Qu'on juge sur-tout de l'indignation, de l'humiliation de ceux qui avoient
de la philosophie et des principes libéraux.
Il falloit se soumettre; le *Compella intrare*
étoit pratiqué avec vigueur par les soldats
de police. Les émigrés qu'on avoit dépeints
à Paul comme des libertins, quoiqu'ils fussent armés pour le trône et l'autel, furent
obligés d'aller à la messe en parade, deux
à deux, passant entre des haies de soldats
russes.

Les catholiques un peu riches trouvèrent
bientôt le moyen d'obtenir des billets d'absolution, même sans se confesser. Leurs
prêtres les vendirent d'abord 50 roubles,
puis 25; ils les donnèrent enfin pour 10 et

se chargèrent par dessus le marché de jeter eux-mêmes la carte dans la boëte.

Ce fut près de cette église catholique que se passa une scène qui mérite place ici. Paul faisoit célébrer un service en l'honneur du duc de Wirtemberg, père de l'impératrice, qui venoit de mourir à Stuttgard. Comme il ne lui convenoit pas, à lui autocrate et patriarche orthodoxe russogrec, d'assister à une messe schismatique, il prit le parti de se mettre à la tête des grenadiers qui environnoient l'église, pour maintenir l'ordre et la dignité. Il faisoit un grand froid; son cheval, né sans doute sous un climat plus chaud, ne pouvoit rester immobile. Las de piaffer, de caracoler et de faire des efforts inutiles pour le retenir, il se mit à galoper dans la rue, passant et repassant devant les troupes et une grande foule de peuple, que la cérémonie funèbre et le manège de l'empereur attiroient. A mesure que Paul arrivoit au galop d'un côté, cette foule se découvroit et s'inclinoit. Un groupe rassemblé sur le pont vert, éloigné de plus de 400 pas du point où l'empereur faisoit volte, se couvrit enfin à cause du grand froid et de l'éloignement. Paul s'en aperçoit; il fait à l'instant cerner le groupe par les troupes et l'envoie à la maison de force; il y avoit cinquante à soixante individus de différentes conditions. Ceux qui n'étoient pas nobles furent fouettés pendant trois jours consécutifs, les nobles dégradés et les officiers faits soldats. Il se trouva parmi les arrêtés un Genevois, nommé *Martin*, qui gagna un officier de police et trouva moyen d'écrire à la cour, où il avoit des amis. Il fut relâché; mais indigné d'un pareil outrage, il quitta sur-le-champ la Russie [14].

Quelque tems après, Paul fit inhumer dans la même église le corps du malheureux roi de Pologne. Il vint lui-même examiner le catafalque et les préparatifs de la pompe funèbre. Un tapissier occupé de la décoration des voûtes étoit au haut d'une échelle, en veste et en pantalon pour travailler plus commodément. Paul apprenant que c'étoit

un

un Français nommé *Leroux*, lui ordonna
de descendre et lui fit donner à l'instant la
bastonnade au milieu de l'église.

Voilà une partie des avanies auxquelles
sont exposés les étrangers et surtout les
Français en Russie. Il est certain que leur
sort est devenu plus déplorable encore,
depuis que Paul a déclaré la guerre à la
France. Que d'humiliations, que d'affronts
il a fallu dévorer à la maison de force de
Pétersbourg, comme au bagne de Cons-
tantinople !

Mais il faut les réprimer, âmes généreuses, les élans sublimes vers votre patrie,
et cette admiration pour ses héros. Lorsque
les tyrans vous auront proscrits pour avoir
témoigné votre attachement à la France,
ce sera en vain que vous étendrez les bras
vers elle : ce sera en vain que vous deman-
derez un asile sous l'arbre de la liberté ;
vous en serez repoussés comme l'oiseau qui
veut se réfugier sur le chêne battu par la
tempête et qui en est rechassé par les
branches agitées. La liberté elle-même est

captive et outragée en France; c'est Bra-
damante tombé dans l'antre de Merlin.

On refuse aux Français venant de Russie
la rentrée en France, sous prétexte qu'ils
ont dû prêter un serment par lequel ils
renoncent à leur patrie. O Français, oubliez-
vous vous-mêmes combien vous avez prêté
de serments contradictoires dans l'espace
de cinq ou six ans? Ne sera-ce que ceux qui
ont été arrachés à vos malheureux compatriotes par le fer des tyrans, qui devront être
gardés religieusement, au moment même
où vous vous faites un jeu de violer ceux que
vous avez prêtés par acclamation à la face
du ciel et de la France? Rappelez-vous du
moins l'époque où ce serment absurde fut
exigé. C'étoit celle où la tête de Louis
venoit de tomber, et où tous les despotes
trembloient pour la leur; celle où Léopold
mouroit, disoit-on, empoisonné, et Gustave
assassiné sous vos coups [15], celle où
Marat et Robespierre régnoient! Qu'on juge
quelle sensation terrible ces nouvelles pro-
duisoient en Russie, sur une princesse que

les remords devoient effrayer, sur une cour qui l'environnoit de terreurs, et sur un peuple pour qui les rois sont les oints de Dieu. Les Français de Pétersbourg s'enfermèrent dans leurs domiciles et craignirent de s'y voir tous massacrés; ils s'attendoient au moins à une proscription générale. Je le dirai aujourd'hui, comme je le pensois alors : Catherine se montra encore en ce moment grande et modérée. Par le serment qu'elle exigea, elle mit les Français sous la sauvegarde du gouvernement, et les sauva de la fureur des nobles et du peuple aveuglé. Aucune des puissances coalisées, réputées cependant moins barbares, ne prit une mesure si humaine. Au moment où l'on emprisonnoit, où l'on massacroit les malheureux Français à Londres, à Vienne, à Naples et à Rome, un frère de Marat se montroit avec sécurité à la cour de Catherine.

NOTES
DU SUPPLÉMENT.

1.

Cet article a été en partie rédigé par l'éditeur, sur des fragmens et des notes laissés par l'auteur, et sur des relations orales, mais certaines. (*Note de l'éditeur.*)

2.

Il n'est plus possible à des Suisses ou à des Français d'aller en Russie. Un artiste et deux demoiselles de Montbéliard y ayant été demandés pour remplir des places particulières, n'ont pu obtenir de débarquer, malgré les plus grandes recommandations, et ils eurent ordre de repartir sur-le-champ. Voilà la Russie fermée à l'Europe comme le Japon. Le

Paul de ce pays-là vouloit que les étrangers marchassent sur la croix; celui de Russie exige qu'on abjure la raison. Mais, je le répète, il est conséquent. Il est le seul qui fasse en ce moment la guerre aux Français de bonne foi; c'est le Don Quichotte de la coalition.

3.

Un cuisinier français du défunt roi de Prusse, nommé le Boeuf, ayant été demandé pour Catherine, il n'arriva qu'après sa mort. Paul le prit pour un empoisonneur qu'on lui envoyoit, et le fit enfermer. Ce ne fut qu'après six mois de cachot qu'il obtint sa liberté avec l'injonction de repartir sur-le-champ sans dédommagement.

4

Péterhof est le château qu'elle habitoit lors de la révolution de 1762. C'est là qu'elle fit arrêter Pierre III. Il fut étranglé dans une maison voisine.

5.

Il acheva aussi l'éducation des deux jeunes ***,
dont le mérite fait aujourd'hui beaucoup d'honneur
au sien.

6.

Le brave général Yhrmann fut pendant vingt ans
gouverneur-général en Sibérie, et directeur des mines du *Kholivan*. Il en obtint un produit qu'elles
n'avoient jamais livré avant lui, et qu'elles ne rendi-
rent jamais depuis, ainsi que l'attestent les registres.
Il augmenta la civilisation, la population, le commerce et le bien-être de ces vastes provinces, et il
se retira pauvre après avoir si long-tems exploité les
plus riches mines d'or et d'argent du continent. Pour
récompense de sa probité, la couronne ne lui paya
pas même 10,000 roubles qu'elle lui doit encore; et
sa fille unique proscrite avec son mari erre loin du
tombeau de ce digne père. Elle est aussi la nièce du
célèbre général Mélissino, qui a rendu de si grands
services à la Russie, et alliée aux *Dolgorouky* et aux
Soltykow. (*Note de l'éditeur.*)

7.

Catherine II, voulant réduire la Livonie à la même forme d'esclavage que les autres provinces, exigea, selon sa coutume, que ce fussent les Livoniens eux-mêmes qui vinssent implorer ces nouvelles chaînes comme une grace. Les députés furent donc mandés avec ceux des autres nations; mais le général Rosen, père de celle dont il est ici question, et qui se trouvoit à la tête des députés, bien loin de souscrire à ce que l'on exigeoit d'eux, fit des représentations à Catherine qui lui dit avec emportement: *Qui vous donne l'audace de me résister ainsi?* — *Le nom de Pierre le grand qui a signé nos franchises, et celui de Catherine la grande qui a juré de les conserver,* répondit le vieux Rosen. Catherine *la grande* le disgracia et fit nommer d'autres députés. Le comte de *Stackelberg*, plus traitable, se fit un honneur de ce dont le baron de Rosen se faisoit une honte, et vendit son pays (*). Il en fut récompensé par le don des terres immenses qui environnoient celles du vieux général, dont on dépouilla les états de la province. Telle est l'origine de la fortune et du crédit de ce Stackelberg qu'on a vu si long-tems régenter la Pologne, brouiller la Suède, et ensuite faire le bouffon dans les antichambres de Zouhow.

(*) répète, les de pays, de franchises, etc. lorsqu'il est question de la Livonie ou de la Russie, ne peuvent s'appliquer qu'à la noblesse; car le peuple n'y est lui-même qu'une propriété

Outre les parens en Livonie, la femme du jeune Masson est alliée à différentes familles russes en grand crédit, comme les Siewers, les Besborodko, les Tamara, etc., qui, bien loin d'user de leur influence pour lui faire rendre son bien, l'abandonnèrent lâchement dans sa détresse, sitôt que son mari fut proscrit. (*Note de l'éditeur.*)

8.

Les auteurs de cette sommation n'ont su que ce qui s'est divulgué dans le public de Pétershourg. Le général Arkarow, grand inquisiteur politique de Paul, reprocha surtout à ces deux officiers d'avoir osé dire dans un dîner que Bonaparte étoit un grand général.

9.

Les femmes des deux frères s'expatrièrent pour les suivre. L'empereur, non content d'avoir voulu fouler aux pieds celle qui lui demandoit justice, fit mettre le séquestre sur les biens de sa famille, pour qu'elle ne pût emporter le sien, dès qu'il sut qu'elle avoit suivi son mari dans son exil.

10.

Comme, au grand étonnement de leurs amis, Mrs. de Masson n'ont point encore répondu à cette sommation, ils laissent soupçonner que leur proscription pourroit bien avoir des causes plus sérieuses que celles énoncées ci-dessus. Elevés tous deux sur les hauteurs du Mont-terrible, ils y ont peut-être sucé des idées libérales qu'ils n'ont pu bien étouffer en Russie. L'aîné avoit été attaché à Potemkin et à Zoubow ; le cadet étoit à la cour, auprès du grand-duc Alexandre et protégé par l'impératrice : — n'auroient-ils pas été mêlés dans le projet qui se forma de placer ce prince sur le trône à la place de son père? projet qu'avoit eu Catherine, et qui fut cause d'une foule d'autres disgraces à sa mort. Alexandre fut même surveillé, et tous les officiers de sa suite renvoyés. Ceux qui connoissent la Russie et qui se souviennent que quelques officiers aux gardes et un chirurgien français, nommé Lestoc, suffirent pour opérer la révolution qui plaça Elisabeth sur le trône, ne trouveront pas cette supposition invraisemblable. On sait d'ailleurs que les deux Masson étoient des principaux membres d'une société nommée *philadelphique*, dont le général en chef Mélissino, leur oncle, étoit le fondateur, et où plusieurs autres généraux ou courtisans étoient admis. Cette société dont on parloit à Pétersbourg, paroissoit, il est vrai, plutôt un régiment de la calotte qu'une assemblée politique, et Catherine à qui on l'avoit dénoncée en avoit ri; mais l'ombrageux Paul pourroit bien l'avoir envisagée autrement; car à cette même époque le fils de Mélissino, chef d'un régiment de grenadiers, et le chambellan *Mottlew*, membre intime de cette même société, furent aussi disgraciés et exilés. Quoiqu'il en soit, il pourroit sans doute paroître étonnant que deux officiers supérieurs aient ainsi été enlevés à leur famille sans procès et sans raison, si l'on ne connoissoit pas le caractère de Paul. On sait qu'il a traité sans plus de ménagement l'agent de Sardaigne, parce qu'il lui fut désigné par Besborodko comme un homme qui conseilloit à sa cour de se tenir lié à la France. Paul en fureur s'écria: Quoi! un jacobin à ma cour! qu'il parte sur-le-champ. Le ministre de Bavière, *Réglin*, fut également traité de jacobin et jeté dans un traîneau couvert qui le conduisit jusqu'aux frontières comme un criminel; et seulement parce que son maître ne vouloit point d'abord reconnoître Paul comme grand-maître de Malthe.

11.

Pauvres Russes! comme ils sont obligés de mentir.

12.

Nous avons vu comme Paul peut être détrompé.
Nous savons que l'impératrice essaya de parler en faveur du jeune Masson ; mais il lui ordonna de se taire
sur cet objet, en la menaçant de la punir elle-même.
Il la fit mettre quelque tems après aux arrêts pour
une autre intercession. Paul faisant sa ronde ordinaire autour de son château de Pawlowsky, surprit
une sentinelle endormie auprès du pavillon de sa
femme. Il fit donner la bastonnade sur al place au
malheureux soldat. A ses cris, l'impératrice se met à
la fenêtre et demande sa grace. Comment, s'écrie
Paul, vous osez m'interrompre dans un acte du service militaire ? Oubliez-vous, madame, que je suis
votre empereur aussi ? je vais vous en faire ressouve-
nir. A ces mots il ordonne à son aide de camp de
mettre l'impératrice aux arrêts. L'aide de camp hé-
site ; Paul menace de le faire soldat, et l'officier va
signifier les arrêts à-Marie et place un factionnaire
à sa porte. Ce fut sa seconde arrestation.

13.

La famille des comtes *Gollowkin* ayant été disgraciée sous le règne d'Elisabeth, vint en Hollande où
elle embrassa la réforme. Rappelée depuis en Russie
elle y a conservé sa religion, et c'est la seule famille
russe qui la professe.

14.

Nous avons vu ce qui arriva à une dame *Likarow*, pour n'être pas descendue de voiture en passant devant Paul. La femme du riche aubergiste *Démuth* eut le même accident; mais comme elle n'étoit pas noble, elle fut fouettée pendant trois jours de suite à la maison de force.

15.

On assuroit à la cour de Russie que c'étoit les jacobins qui avoient assassiné Gustave et empoisonné Léopold. Il eût été dangereux de paroître en douter.

DESCRIPTION
DU PALAIS TAURIQUE

*et de la fête que le prince Potemkin y donna
à l'impératrice Catherine II [*].*

———

Ce fut le palais taurique que le prince
Potemkin choisit pour donner à sa souveraine la fête brillante, qui a été regardée
comme un hommage de reconnoissance pour
la grandeur à laquelle elle l'avoit élevé.
C'est le même palais que Catherine II, depuis la mort de ce favori, occupoit en au-

[*] Comme dans cet ouvrage il a été plusieurs fois
question du palais taurique, nous avons cru devoir
y ajouter la description suivante de ce palais et de
la fête que le prince Potemkin y donna à sa souveraine. Elle est tirée du *Tableau de St. Pétersbourg,*
par *Storch.*

tomne. La façade de ce bâtiment est composée d'une immense colonnade, qui supporte une coupole. En entrant, on se
trouve dans un grand vestibule, sur lequel
donnent des appartemens à droite et à
gauche; au fond est un portique, qui conduit à un second vestibule d'une grandeur
prodigieuse, éclairé par le haut, et entouré
à une très-grande élévation d'une galerie
destinée à l'orchestre, et dans laquelle on
a placé des orgues. De-là un double rang
de colonnes conduit à la principale salle,
destinée aux grands festins. Il est impossible d'exprimer l'impression que fait ce
temple gigantesque; il a plus de cent pas
de long, il est large à proportion, et il
est formé par un double rang de colonnes
colossales: il y a entr'elles à demi hauteur
des loges ornées de festons élégamment
sculptés, et garnies dans l'intérieur d'étoffes
de soie. On a suspendu à la voûte des
globes de cristal, qui servent de lustres et
dont la lumière est réfléchie à l'infini par
des glaces placées à toutes les extrémités

dé cette immense sallé. Il n'y a ni meubles
ni ornemens; mais aux deux extrémités,
qui s'arrondissent en demi-cercles, il y a
des vases de marbre de Carrare, surprenans
par leur prodigieuse grandeur et par la
beauté de leur travail. Près de cette salle
se trouve le jardin d'hiver, qui n'en est
séparé que par la colonnade. La voûte de
ce bâtiment immense est soutenue par des
pilastres qui ont la forme de palmiers :
on a pratiqué dans l'intérieur des murs
des tuyaux de chaleur, qui circulent tout
autour des bâtimens ; et des canaux de
métal, remplis d'eau chaude, entretiennent
une égale température sous ce parterre
délicieux.

L'oeil se promène avec ravissement,
tantôt sur des plantes et des arbustes de
tous les pays, tantôt il se repose avec admiration sur une tête antique, ou bien il
parcourt avec étonnement la diversité des
poissons de toute couleur, contenus dans
des vases de cristal. Un obélisque transpa-
rent reproduit à la vue, sous mille teintes

diverses, ces merveilles de l'art et de la nature, et une grotte tapissée de glaces les réfléchit à l'infini. La température délicieuse, l'odeur enivrante des plantes, et le silence voluptueux de ce lieu enchanteur, plongent l'ame dans une douce rêverie, et transportent l'imagination dans les bois de l'Italie: l'illusion ne se détruit que par l'aspect de tout ce que l'hiver a d'âpre et de rude, quand vos regards enchantés se portent hors des croisées sur les frimats et les glaçons qui entourent ce magnifique jardin. Au milieu de cet élysée s'élève majestueusement la statue de Catherine II en marbre de Paros.

C'est sur ce théâtre de sa grandeur que le prince Potemkin disposa les apprêts de la fête qu'il donna à sa souveraine, avant son départ pour les provinces méridionales où la mort l'attendoit. Ce favori sembloit avoir un secret pressentiment de sa fin prochaine, et il vouloit encore jouir de toute la plénitude de sa faveur.

Les préparatifs de cette fête étoient immenses,

immenses, comme tout ce que son imagination enfantoit. Il avoit occupé pendant plusieurs mois les artistes de tous les genres : plus de cent personnes se rassembloient tous les jours pour se préparer aux rôles qu'il leur avoit confiés, et chaque répétition étoit une espèce de fête.

Enfin le jour fixé arriva, au gré de l'impatience de toute la capitale. Outre l'impératrice et la famille impériale, le prince Potemkin avoit invité toute la cour, les ministres étrangers, la noblesse du pays, et un grand nombre de particuliers des premières classes de la société.

L'ouverture s'en fit à six heures du soir, par un bal masqué : à l'approche de la voiture de l'impératrice, on distribua avec profusion des mets, des habillements et des boissons de toute espèce, à la populace assemblée. L'impératrice entra dans le vestibule aux accords d'une musique brillante, exécutée par plus de trois cents musiciens ; delà elle se rendit dans la principale salle, où la foule la suivit ; elle monta sur une

estrade, qui lui avoit été élevée au milieu
de la salle et qui étoit entourée de déco-
rations et d'inscriptions en transparents. La
foule se distribua sous la colonnade et
dans les loges; alors commença le second
acte de ce spectacle extraordinaire.

Les grands-ducs Alexandre et Constantin, à la tête de la plus belle jeunesse de
la cour, exécutèrent un ballet. Les dan-
seurs et danseuses étoient au nombre de
quarante-huit, tous habillés en blanc,
revêtus de magnifiques écharpes, et couverts
de pierreries dont on estimoit la valeur à
plus de dix millions de roubles. Le ballet
fut exécuté sur des airs choisis, analogues
à la fête, et entremêlés de chants. Le
célèbre Lepicq termina le ballet par un
pas de sa composition.

On passa alors dans une autre salle,
ornée de plusieurs riches tapisseries des
Gobelins : au milieu on voyoit un éléphant
artificiel, couvert d'émeraudes et de rubis;
un Persan, richement vêtu, lui servoit de
cornac. Au signal qu'il donna en frappant

sur une cloche, une toile se leva, et l'on
vit dans le fond un magnifique théâtre. On
y représenta deux ballets d'un genre nouveau, et le spectacle fut terminé par une
comédie fort gaie, qui amusa beaucoup
l'assemblée. Au spectacle succédèrent des
choeurs, des danses variées, et une pompe
asiatique remarquable par la diversité des
costumes, tous représentant les divers
peuples soumis à la domination de l'impératrice.

Bientôt après tous les appartemens illu-
minés avec le plus grand soin furent ouverts
à la curiosité de la foule empressée: tout
le palais sembloit en feu; le jardin étoit
couvert de pierres étincelantes; des glaces
sans nombre, des pyramides, et des globes
de cristal, réfléchissoient en tout sens ce
spectacle magique. On servit une table de
six cents couverts; le reste des convives étoit
servi debout. La vaisselle étoit d'or et
d'argent; les mets les plus recherchés étoient
servis dans des vases de la plus grande
richesse; les liqueurs les plus précieuses

couloient à grands flots de coupes antiques; des lustres, du plus grand prix, éclairoient la table. Les officiers et les domestiques, richement vêtus, s'empressoient, en grand nombre, à prévenir les désirs des convives.

L'impératrice resta, contre sa coutume, jusqu'à minuit : elle sembloit craindre en s'éloignant de troubler la félicité de son favori. Quand elle se retira, des chœurs nombreux et une musique harmonieuse firent retentir les voûtes du palais d'un hymne en son honneur. Elle en fut si émue, qu'elle se tourna vers le prince Potemkin pour lui témoigner sa satisfaction : celui-ci, entraîné par le sentiment de tout ce qu'il devoit à sa souveraine, se jeta à ses pieds, prit sa main, et l'arrosa de larmes. Ce fut la dernière fois qu'il put, dans ce lieu, témoigner sa reconnoissance à l'auguste auteur de sa grandeur.

NOTE

ADDITIONNELLE SUR KORSAKOW.

A l'occasion de la retraite des Russes de la Suisse les papiers ont publié l'anecdote suivante tirée de la *Vie de Catherine* par Mr. de Castéra.

« *Korzakoff* (favori de l'impératrice) étoit d'une jolie figure et d'une taille très-élégante; mais n'ayant ni de l'esprit, ni des connoissances, il ne pouvoit, pas plus que Zoritz, porter atteinte au crédit de Potemkin. Un seul fait suffira pour le faire connoître. Dès qu'il eut obtenu la place de favori, il crut qu'un homme comme lui devoit nécessairement se procurer une bibliothèque. Aussitôt il fit venir le plus fameux libraire de Pétersbourg, et lui dit qu'il vouloit avoir des livres pour les placer dans la maison de Wasieltschikoff, dont l'impératrice venoit de lui faire présent. Le libraire lui demanda quels livres il lui falloit. — « Vous savez cela mieux que moi, « répondit le favori; c'est votre affaire. De « gros livres en bas, de petits en haut: voilà « comme ils sont chez l'impératrice. » »

Nous sommes loin de vouloir contester la vérité de cette anecdote qui nous a été confirmée par plusieurs personnes dignes de foi, auxquelles le libraire la raconta dans le moment même; mais nous devons prévenir nos lecteurs qu'en la publiant les papiers ont confondu le favori *Korsakow* avec ce *Korsakow* qui commandoit l'armée russe en Suisse. Celui-ci est un homme d'esprit et de connoissances; il a fait la campagne de Flandre comme volontaire sous le prince de Cobourg, et il sait très-bien ce que c'est qu'une bibliothèque.

TABLE DES MATIÈRES
CONTENUES
DANS CET OUVRAGE.

Le chiffre romain indique le volume, le chiffre arabe la page.

A.

B.

BACMEISTER, historiographe de la Russie, I, 128.

BADEN-DOURLAC (princesses de) conduites en Russie, I, 36. Prennent madame de Branicka pour Catherine II, *ibid.* Décorées du cordon de Sainte-Catherine, I, 37.

BADEN-DOURLAC (Elisabeth, princesse de) épouse du grand-duc Alexandre, la seule princesse allemande heureuse en Russie, I, 32. Accident qui lui arrive lors de sa présentation, I, 39. Aime le grand-duc Alexandre, *ibid.* Fait confession de foi et prend le nom d'Elisabeth-Alexiéwna, I, 40. Fiancée au grand-duc Alexandre, *ibid.* Persécutée par Paul I, I, 48. Sa beauté, I, 49.

BADEN-DOURLAC (Frédérique, princesse de) passe tristement ses jours à Pétersbourg, I, 39. Épouse le roi de Suède, I, 47. Sa beauté, I, 50. Les présens qu'elle reçut de la cour de Russie, I, 51.

BADEN-DOURLAC (Louise, princesse de) voyez : Baden-Dourlac (Elisabeth).

Bains-russes, II, 131, 150.

Baiser, donné par le roi de Suède à la grande-duchesse Alexandrine, I, 18. Paul I ordonne la manière dont on lui doit baiser la main, I, 213.

Balalaïka, instrument de musique russe, II, 60.

BARIATINSKY (prince de) un des étrangleurs de Pierre III, I, 170. Se sauve de Pétersbourg à la mort de Catherine, I, 198. Satyre contre lui, I, 351.

Baptême, par immersion, II, 104.

Bâton, grand instituteur des Russes, II, 59. Anecdote à ce sujet, *ibid.*

C.

G.

H.

I.

L.

O.

P.

Palais de marbre, construit pour Grégoire Orlow, I, 148.

Palais taurique. Sa description, II, 207.

PALLAS, ses voyages, un des monumens du règne de Catherine, I, 99. Anecdote sur des leçons de botanique qu'il donna aux grands-ducs, II, 165.

PANIN (comte de) gouverneur de Paul, ministre de Catherine II. Son éloge, I, 78, 118. Opérations désastreuses de son ministère, I, 118. Auteur de la faveur de Wasiltschikow, I, 150.

Pantalons, défendus par un oukas de Paul I, I, 248.

PAUL I, empereur de Russie. N'est pas consulté pour le mariage de ses enfants, I, 29. Sa haine pour le régent de Suède, I, 30. Antipathie que lui inspire le costume des Suédois, *ibid.* Sa manie de réunir beaucoup de titres, I, 48. Persécute l'épouse du grand-duc Alexandre, *ibid.* Impression que fait sur lui la nouvelle de la maladie de sa mère, I, 64. Arrive à Pétersbourg, I, 65. Se prépare à prendre les rênes du gouvernement, I, 66. Son avénement au trone inspire une crainte générale, I, 72. Ordonne de nommer Frégate un Yacht, I, 104. A bâti Gatschina, I, 129. Beaucoup d'églises, de palais, de casernes et de guérites, I, 132. Humilie le ci-devant roi de Pologne dans une cérémonie de cour, I, 169. Foiblesse de sa conduite comme grand-duc, I, 180. Preuve qu'il est fils de Pierre III, *ibid.* Son caractère méfiant, bisarre et cruel, *ibid.* Doit à la mort subite de Catherine de ne pas avoir été

R.

U.

V.

F I N.